6년 동안 신자들이 끊임없이 잡혀가자
주문모 신부는 '그들이 찾는 사람은 나다.
내가 없으면 조정에서 천주교 신자를 잡지 않을 것 아닌가.'
생각하고 중국으로 건너가려고 의주까지 갔습니다.
압록강만 넘으면 안 죽고 살죠.

압록강의 마지막 밤.
신부는 이런 묵상을 합니다.
'양떼는 목자를 위해 목숨을 바쳐 죽어갔는데
목자는 생명을 구하기 위해서 강을 건널 수 있느냐.'
그래서 되돌아 옵니다.
쿼바디스처럼 되돌아와 의금부로 가서
"내가 주문모 신부요." 하고 자수하여
순교하신 것입니다.

한국의 쿼바디스

두 형제가 무릎을 꿇고 눈물을 흘리면서 이런 고백을 합니다.
"회장님, 우리는 1801년 박해 때 감영에 끌려가서
매를 맞고 견디지 못해 주님을 배반한 죄인들입니다."
주님을 배반하고 나와서 살아보려니까 살맛이 안 났고
살 의미도 없더랍니다.
영국의 어떤 시인이 쓴 시에 이런 구절이 있습니다.
"주를 버린 자여, 일체가 너를 버릴진저."
주님을 버리면 세상이 다 무의미해진다는 것을
고성대, 고성운 형제가 안 겁니다.

주를 버린 자여, 일체가 너를 버릴진저

하늘로 가는 나그네 상

ⓒ2006 흰물결

한국천주교회사
하늘로 가는 나그네 상

펴낸곳 도서출판 흰물결
강   의 김길수
엮   음 가톨릭다이제스트
표지그림 일랑 이종상

초판 1쇄 발행일 2006년 8월 15일
초판 2쇄 발행일 2007년 3월 19일
초판 3쇄 발행일 2009년 1월 4일
초판 4쇄 발행일 2012년 1월 4일
초판 5쇄 발행일 2016년 2월 22일
초판 6쇄 발행일 2020년 12월 25일

주   소 06595 서울 서초구 반포대로 150 흰물결아트센터 4층
등   록 1994. 4.14 제3-544호
대표전화 02-535-7004 팩스 02-596-5675
이메일   mail@cadigest.co.kr
홈페이지 www.catholicdigest.kr

값 15,000원
ISBN 978-89-9533386-0
ISBN 978-89-9533388-4 (전2권)

이 책은 저작권법에 의하여 보호를 받는 저작물이므로
무단전재와 무단복제를 금합니다.

하늘로 가는 나그네 상

김길수 강의
한국천주교회사

가톨릭다이제스트 엮음

하늘로 가는 나그네

잠자리에 들어서도 눈을 뜨면서도 8
안개비 내리는 인생길에서 12

교회사, 무엇인가?
   또 하나의 성경, 교회사 17
   역사학인가 신학인가 22
   누가 한국교회사를 썼나 29
   천주교 어떻게 들어왔나 33

천주교와의 첫 만남
   임진왜란, 천주교를 만난 조선인들 38
   일본에서 순교한 조선인들 41
   학문으로 들어온 천주교 48

평신도가 들여온 천주교
　학문을 신앙으로 바꾸다 54
　한국교회의 머릿돌 60
　한민족의 세례자 요한 65
　유학과 서학의 대 토론 68

한국교회의 출발
　명례방 집회와 을사추조 적발 72
　평신도들의 성사집행 79
　교회를 떠난 양반들 84

조선은 왜 천주교를 박해했나
　제사 논쟁 87
　서구문화와 조선 전통문화의 충돌 91
　변절자인가 순교자인가 99
　"아는 것이라고는 주자학밖에 없소" 102

주문모 신부의 입국과 순교
　　최초의 사제영입운동 108
　　주문모 신부의 고해성사 111
　　민족의 어머니 115
　　신부 옷 입고 순교한 평신도 122
　　아홉 번이나 거절당해도 125
　　한국의 쿠바디스 128

하늘로 간 순교자들
　　"부인, 면회오지 마십시오" 131
　　하느님도 나라님도 본 적 없지만 138

신유박해와 황사영 백서
　　오뉴월 찬서리 143
　　홍안의 열일곱 살 소년 148
　　배론 토굴에서 쓴 황사영 백서 155
　　조선 조정이 만든 가짜 백서 160
　　순교자의 후예들은 어디에 165

온 세상에서 가장 아름다운 이야기
  예쁜 것도 싫어한 여인 169
  동정을 지켜준 남편 174
  온 세상에서 가장 아름다운 이야기 178
  장미향기와 함께 하늘로 183

목자 없는 시대 33년
  노래산 교우촌의 손님 187
  "주를 버린 자여, 일체가 너를 버릴진저" 194
  세상 것을 구하는 기도는 중지해달라 198
  말싸움 때문에 벌어진 밀고 203
  야소耶蘇도 모른다 208

두 번째 사제영입운동
  사제를 모시러 짐꾼으로 변장하고 213
  베이징성당에서 마주친 두 조선인 219
  천주교가 뭔데 그 사람이 믿을까 223

잠자리에 들어서도
눈을 뜨면서도

어려서부터 내 입에서는 늘 정치 지도자의 이름이 떠나지 않았다. 김대중, 김영삼… 나는 수없이 그들의 이름을 부르다 잠이 들곤 했다. 그들이야말로 소외된 사람들의 아픔을 치유해주리라는 소망 때문이었다. 어른이 되어서야 비로소 그 소망이 얼마나 부질없는지 알게 되었다.

그런데도 몇 년 전 새벽에 잠을 깼는데 내 입에서 '김대중'이라는 이름이 맴돌고 있었다. 이미 내 스스로 정치적 영향력도, 도덕적 청결성도 없다고 판단해버린 그가 내 입에 오르내리는 것은 무엇 때문일까?

어릴 때 내가 읽고 보았던 것은 신문과 텔레비전이었다. 그걸 통해 나는 정치가 모든 것을 좌우한다는 생각을 내 의식 깊숙이 간직하게 되었던 것이다. 그것은 무서운 일이었다. 정치에 기대를 걸면 걸수록 내가 할 수 있는 일도 정치인에게 미루게 되고, 그래서 나를 부정하고 결국은 정치의 노예가 되는 것이기에….

 어느 사제의 소개로 대구에서 김길수 교수를 만나게 되었다. 큰 키에 당당한 체구, 부리부리한 눈매를 가진 그는 거인처럼 나에게 다가왔다. 방안이 그로 꽉 차는 듯했다.
 그러나 악수를 하고 그와 몇 마디 나누는 동안 이 거인이 천진난만한 소년처럼 보였다. 동년배의 사제에게 그는 깍듯이 예를 다했고 낯선 나에게도 관심을 갖고 배려해주었다. 마땅히 사람을 대할 때는 저래야 되는데 하는 표본처럼 그는 나에게 각인되었다.

 그 몇 달 후 우연히 '한국천주교회사' 강의 테이프를 듣게 되었다. 스무 시간이 넘는 긴 강의였지만 나는 그만 멈출 수가 없었다. 세상에 이토록 아름다운 이야기가 있다니, 사람이 이토록 위대하다니….
 어느 역사책에서도 보지 못했고 어느 문학작품도 그려내지 못한 세계가 나에게 성큼 다가왔다. 나폴레옹도 징기스칸도 해내지 못할 일을 한 그들은 평범한 우리 조상들이었다.

  하늘을 감동시키고 땅을 놀라게 한, 그 감미로운 이야기를 들으면서 나는 내내 행복했다. 그 행복을 진실한 육성으로 세상 사람들에게 전하는 분이 김길수 교수였다.

  그분의 강의를 들으며 말로만 들어왔던 순교자의 이름이 내 가슴 속에 새겨졌고 진정 위대한 인간이 어떤 사람인지, 민족의 아픔을 치유하고 희망을 줄 수 있는 고귀한 정신이 무엇인지도 알게 되었다.

  이제 잠자리에 들면서도 눈을 뜨면서도 내 입에서는 정치인이 아니라 하느님이, 순교자의 이름이 맴돈다. 어린 시절 나는 정치 이야기가 아니라 이런 이야기를 듣고 읽어야 했다. 우리 모두가 그랬어야 했다.

우리는 늘 우리의 목마름을 채워줄 그 무엇을 찾아 헤맨다. 그러나 세상에는 그럴 듯해 보이는 것들이 너무나 많아 진정 목마름을 채워줄 것을 알아내기는 쉽지 않다.

그런 이유로 김길수 교수의 '한국천주교회사' 강의는 우리 민족에게 큰 선물이 아닐 수 없다. 이 책을 통해 우리는 하늘로 간 수많은 나그네들과 내밀한 대화를 나누는 행복한 시간을 갖게 될 것이다.

2006. 08.
서초동 흰물결 사무실에서

윤 학

안개비 내리는 인생길에서

소학교 2학년 때 어머니 손을 잡고 성당에 처음 갔다. 아침미사에도 참여하고 저녁기도 때는 졸기도 했다. 장맛비가 하염없이 내릴 때는 어머니와 함께 끝없이 로사리오기도를 드리기도 했다.

내가 누구인가를 의식할 무렵 나는 이미 가톨릭 신자였다. 그러나 언제부턴가 성지순례는 무엇하러 다녔고 순교성월은 어떻게 보냈는지 생각해 보게 되었고 그제야 '이게 아닌데…' 하는 어떤 뭉클한 뉘우침이 가슴 저 밑바닥에서 치밀어 올랐다.

한국천주교회사를 제일 먼저 통사로 쓴 분은 한국사람이 아니다. 한국에 와본 적도 없고 한국사람을 본 적도 없는 프랑스 사람 달레 신부였다. 〈한국천주교회사〉를 쓰게 된 까닭을 그는 너무도 아름다운 한국순교자들의 이야기가 역사 속에 망각되지 않도록 하기 위해서라고 했다. 그가 "언젠가는 우리의 제단 위에 모셔질 그분들을 잊혀지게 버려두어야 하겠는가."라고 말한대로 103위 한국순교 성인은 시성되어 지금 전 세계 가톨릭교회 제단 위에 모셔져있다.

달레 신부는 방대한 〈한국천주교회사〉를 저술하면서 조금도 지치지 않았다.

"사형집행인들이 지치지 않고 고문했고, 천주교인들이 지치지 않고 죽었으며, 하느님은 순교자들에게 지치지 않는 힘과 끈기를 주셨으니 어찌 내가 그분들 승리의 이야기를 쓰는데 지치겠는가!"

하지만 한국순교자들의 이야기를 지치지 않고 썼다는 달레 신부도 차마 그냥 써내려가지는 못했다.

"나는 여기서 필을 멈추고 무릎을 꿇고 눈물 흘리며 기도한다. 주님! 이 위대한 한국순교자들의 인내를 주님만이 갚아주실 수 있습니다. 이토록 위대한 순교자를 내고 있는 이 민족을 주님께서 결코 버리지 않으시겠지요."

이방 사제도 기도와 눈물로 쓴 우리 순교자들의 이야기를 두고 나는 왜 감격의 눈물을 흘려보지 못했던가! 이래도 내가 순교자의 후손인가! 그 무엇보다 가슴 아픈 것은 누가 지금 나의 신앙생활 그 어디에서 저 위대한 순교자 후손의 흔적이라도 찾아낼 수 있겠는가.

 일본 식민치하, 한국순교자들에 대한 글과 강연을 듣고 한국천주교회사에 지대한 관심을 가진 난다오노 사부로는 역사학자가 아니라 부산에서 농장을 경영하던 일본인이었다. 그는 프랑스에까지 손을 뻗쳐 자료를 구해다가 〈조선천주교소사〉를 자비로 간행했다. 역사학자가 아니었기에 여러가지 착오와 오류를 범하면서도 매우 짭짤한 통사를 내놓았다.
 일본인도 깊은 열정으로 살펴보았던 우리 순교선열의 눈물겹고 아름다운 이야기를 그간 나만 모르고 있었다. 아니 차라리 전혀 몰랐다면 부끄럽지는 않았을 것이다. 그 찬란한 순교자들에 대해 그저 들은 풍월로 극히 피상적이며 단편적인 지식 조각으로 버틴 것이 너무도 부끄럽고 송구스러웠다.

 나는 우리 순교선열들에 관심을 갖기 시작했다. 그리고 그 놀랍고 새로운 세계에 가슴 에이고 전율하는 감동으로 눈물에 젖어들었다. 나는 거기서 수많은 나그네들을 만났다. 그들 한 분 한 분이 이 세상에서부터 하늘나라를 향해 당차게 걸어간 '하늘나라 나그네'들이었다. 그들의 삶과 죽음이 하나인 듯, 너무도 거룩하고 아름다워서 내 영혼을 뒤흔드는 슬픈 충격으로 다가왔다.

나는 사도 바오로처럼 어느 날 하늘에서 부르는 소리를 듣는 극적인 체험도 하지 못했고 영적 전환의 계기가 될만한 소박한 이야기도 없지만 나도 모르는 사이 가톨릭에 젖어들었다. 하느님의 크신 은총과 자비 속에서 그 은혜와 사랑이 너무 높아 감히 그것이 은총임을 깨닫지 못한 채 나의 신앙은 안개비에 젖듯 그렇게 젖어들었다.
　나는 안개비 내리는 나의 인생길에서 나의 길눈을 밝힌 순교자를 따라 아직도 걷고 있다.

김길수

또 하나의 성경, 교회사

한국교회사 하면 아득한 옛날얘기부터 시작하지 않겠나 짐작하죠. 그런데 천주교회사는 절대로 '석양에 비친 옛 추억을 더듬는 일'이 아니라는 것입니다. 또 '이때까지 몰랐는데 그 옛날에 그런 깜짝 놀랄 일이 있었구나.' 하는 차갑고 단절된 지식 조각들을 주워 모으는 일도 아니라는 것입니다.

우리가 역사를 공부하는 것은 인류구원을 위한 일입니다. 교회사는 더군다나 더 그렇습니다. 하느님께서 인간에게, 구세주께서 인간에게, 또 성령께서 인간의 구원을 위해서 어떻게 했나 하는 그 생생한 사실은 과거의 단순한 기록이 아니라 오늘을 사는 내 문제인 것입니다.

역사는 절대로 과거 얘기나 숨겨진 뒷얘기, 또 무슨 연대나 사람이름 기억하려는 것이 아닙니다. 그 옛날에 어떤 사람이 고뇌했다면 오늘을 사는 나의 고뇌다 그런 말이죠. 그 옛날에 누가 순교했다면 그 사람은 그때 순교했지만 나는 지금, 여기서, 어떻게 순교할 것인가를 결정하는 것입니다.

그래서 한국교회사는 지나간 한때의 얘기가 아니라 바로 지금을 사는 나의 결정이고 나의 태도입니다.

또 한 가지 알아두실 것은 한국교회사는 한국역사 밖에 있는 게 아니라 한국역사 안에 있다는 점입니다. 그래서 한국교회사에 영광이 있다면 한민족의 영광이고, 한국교회사에 고뇌와 눈물이 있다면 그것은 한민족의 고뇌와 눈물입니다.

지금까지 '한국교회사' 하면 주로 순교했다는 얘깁니다. 하여튼 순교했으니까 더 입 떼지 마라 이거죠. 그걸 조금이라도 거룩하지 않게 얘기하면 큰일납니다.

그리고 순교도 극적으로 돌아가시도록 그렇게 얘기를 합니다. 그래서 교회역사가 아니라 자칫 잘못하다가는 전설의 고향이 되어버리고 맙니다. 비록 교회를 사랑하는 마음으로 하였다 할지라도 이것은 교회사에 대한 모욕입니다.

교회사를 얘기하면서 앞뒤 다 끊어내버리고 순교했다고 막 열을 내는 말을 들어보면 순교시킨 관장, 그러니까 원님들, 현감들은 모두 죽일 놈입니다. 들어보면, "이놈! 그래도 못 버리겠냐?" 하면 "죽어도 못 버리겠다." 그러니까 막 두드려 패거든요.

세상에 그런 사람이 어디 있습니까? 우리나라 역사에 그런 사람 없습니다. 원님들도 사람이기 때문에 불러서 "네가 믿는 게 뭐냐?" 하고 묻고 "이렇고 이래서 믿는다." 대답을 들어보고 맞으면 대단히 고뇌합니다. 그리고 연구합니다. 천주교 신자가 하나 들어오면 얼마나 묻는지 알아요? 천주교 교리에 대해서 환하게 알고 묻습니다.

예를 들면 이렇게 묻습니다.

"우리나라 속담에 호랑이는 죽어서 가죽을 남기고 사람은 죽어서 이름을 남긴다는데 너희가 하늘을 보고 땅을 보고 한점 부끄러움이 없다면 어떻게 부모가 지어준 이름을 없애고 해괴한 이름을 만들어 부르느냐?"

어떻습니까? 대답하기 쉽지 않습니다. 그런데 순교자들의 증언록을 보면 기가 막히게 대답해 냅니다. 결코 우리가 지금 알고 있는 외국 신학이론이 아닙니다. 우리 민족의 역사와 민족의 지혜, 우리 민족문화의 체험이 담긴 언어로 하느님을 증명하고 있습니다.

당연한 일입니다. 여러분도 생각해보십시오. 혀 꼬부라진 외국사람이 했던 말 한 마디, 그 말대로 죽을 사람이 어디 있습니까? 없습니다. 한국순교자들이 전부 우리 체험이 담긴 언어로, 하느님의 계시 진리를 우리 언어로 체험하고 자기 것으로 만들어 대답하고 있습니다.

그렇기 때문에 공소문 한 대목만 읽으면 천주교 교리를 다 알게 됩니다. 천주교 교리 모르면 그 공소문이 무슨 뜻인지도 모르죠. 예, 그런 겁니다. 그것도 모르고 그저 죽었다고만 자꾸 떠드는데 안 죽는 사람이 어디 있습니까? 다 죽는데.

그러니까 그 고뇌하는 가해자들과 또 고뇌하면서도 탄압해야겠다는 논리와 그 논리 속에서 계시 진리의 진실을 얘기하고 있는 우리 증거자들이 민족의 구원에 끼친 증언들, 이런 것들을 이제 잘 봐야 되는 것이죠.

교회사도 역사의 '사'자가 붙었으니 분명히 역사과학입니다. 객관적인 사료와 비판에 따르는 정당한 해석 없이는 역사가 성립되지 않습니다. 그것은 객관적이고 보편적인 진리이고 과학적으로 검증할 수 있는 사실이어야 합니다. 그러니까 아무리 순교했더라도 검증될 수 있는 타당성과 재구현될 수 있는 과학적 요건을 충족해야 교회사가 됩니다.

그 때문에 공소회장이 "그때 우리가 얼마나 울면서 그 얘기를 들었는데요." 하는 얘기만 가지고는 비록 안타깝다 할지라도 역사가 안된다 이 말이죠. 더구나 어떤 사람이 "내가 거기서 똑똑히 봤습니다." 그거 가지고도 안됩니다.

왜 안되느냐? 똑똑히 본 걸로 하면야 나와 여러분이 일평생 해가 동쪽에서 뜨는 걸 봤지요. 그러나 실제로 해가 동쪽에서 뜨는 건 아닙니다. 지구가 돌아서 해를 다시 보는 순간이죠.

그러니까 '역사 과학적 요건이 갖춰지지 않은 건 교회사가 아니다.'라는 걸 먼저 밝혀놓습니다.

역사를 주도하고 섭리하고 보존하고 다스리시는 분이 하느님이시라는 신앙을 가지고 있다면 만들어진 이 모든 역사는 하느님의 업적이고 우리는 거기에서 성령의 작용을 읽어야 합니다. 그걸 읽어내지 못하면 교회 역사를 공부할 이유가 없지요. 그런 점에서 교회사는 또 하나의 성경이라고 말할 수 있습니다.

역사학인가 신학인가

"교회사는 신학이다." 그러면 깜짝 놀라는 분이 많습니다. 교회사가 역사학이지 어떻게 신학이냐는 것입니다. 그러나 교회사는 분명 신학이기도 합니다.

교회를 하느님 나라 사람들의 모임이라고 할 때 여기에는 하느님과 사람이란 두 주체가 있습니다. 교회사를 사람을 주체로 보면 그것은 역사과학입니다.

그러나 교회사를 하느님을 주체로 한 측면에서 보면 모든 시대와 문화와 사건들 속에서 성령의 역사하심과 하느님 나라의 완성을 향한 전개과정이 있을 것입니다. 역사 속에서 이렇게 인류를 구원하시고 하느님 나라를 완성시켜가는 성령의 역사하심을 보는 측면이 신학입니다.

이 구원을 완성시켜가는 성령의 역사하심을 보지 못한다면 그것이 교회사일 수는 없습니다.

교회사가 갖는 이 두 가지 측면, 역사과학적 측면과 신학적 측면을 우리는 교회사가 갖는 학문의 이중성이라 말합니다. 교회사는 역사학만으로도, 신학만으로도 다룰 수가 없습니다. 이 두 성격을 균형잡힌 시각으로 조화롭게 다루어야 합니다. 그래서 교회사가 어려운 것입니다.

역사신학에 대해서 먼저 밝혀야 할 것이 있습니다. 역사를 통해서 볼 때 교회는 도대체 잘못하는 게 없느냐는 겁니다. 분명히 잘못하는 게 있죠. 그래서 흔히 '죄 많고 거룩한 교회'라 그러죠.

그런데 어떻게 하느님의 머리이신 교회가 잘못할 수 있느냐? 그것은 교회가 거룩하다는 것과 교회가 구원을 받아야 할 죄 많은 사람들의 모임이라는 사실을 인식하면 쉽게 이해할 수 있습니다.

가끔 역사적 진리와 신학적 진리 사이에 충돌을 일으키는 경우가 있습니다. 진리끼리 충돌해서 갈등을 일으킨다면 그건 진리가 아닙니다. 그런데 우리는 역사적 진리와 신학적 진리가 충돌을 일으키는 상황을 봅니다.

예를 들면 오랫동안 교회는 지구는 가만히 있고 태양이 돈다고 생각했죠. 코페르니쿠스가 "아니다. 지구가 돈다."고 했을 때 교회가 무척 당혹감을 느꼈던 것은 사실입니다.

또 여러분 한번 상상해보세요. 기도할 때마다 "하늘에 계신 우리 아버지!" 그래서 하늘에는 하느님만 계신 줄 알았거든요. 그런데 어느 날 보니 비행기가 하늘로 핑핑 날아다니는 겁니다. 지금 우리에게는 아무렇지도 않지만 그때 사람으로는 이거 참, 기막힌 일입니다.

그렇게 역사적 진리와 신학적 진리가 서로 충돌한다고 느끼는 수가 있죠. 그 이유는 역사 진리가 두 종류이기 때문입니다. 확인된 부동의 진리가 있고 역사적으로 확인되지는 않았지만 그렇다고 믿는 가설이 있습니다. 이걸 역사학적 관념이라고 하지요. 역사학적 관념과 신학적 진리는 그래서 충돌할 수 있습니다.

신학적 진리도 마찬가지입니다. 신학적 진리도 불변의 계시 진리가 있고 그 계시 진리에 대해서 신학자들이 나름대로 해석해놓은 신학적 학설이 있습니다. 일종의 신학적 관념이라는 말입니다.

예컨대 '가난한 이는 행복하다.' 아무리 생각해도 알기 어려운 말이죠. 가난한데 어떻게 행복합니까? 어떤 사람은 "난 알아들었다." 하는데… 그렇게 쉽게 알아들을 내용은 아니잖아요. 또 그 '가난한 이는 행복하다.'란 말이 지금 알아들은 것하고 달리 시대의 흐름에 따라 앞으로 새로운 측면의 진리가 나타날 수도 있거든요.

교회가 신학적으로 인정했던 가설 내지 오랜 전통, 꼭 증명은 안됐지만 대개 그렇게 믿고 있던 관념, 그런 것들이 있다는 것입니다. 그렇기 때문에 우리는 신학적 진리도 충돌을 일으킨다고 생각할 수 있습니다.

우리는 보통 이 계시 진리와 신학적 관념이라는 두 말을 나누어 알지 못합니다. 이거 구분해 알 만큼 우리는 능력 없습니다. 대개 합쳐서 하나로 알고 있기 때문에 혼동합니다.

그럼 계시 진리와 역사적 관념은 충돌할 수 있죠. 오히려 충돌이 돼봐야 '아이고, 역시 계시 진리가 옳았구나.' 알게 됩니다. 반대로 역사적으로 확인된 진리와 우리가 신학적으로 믿던 관념이 충돌할 때도 있죠. 충돌해야 진리가 확인될 거 아닙니까?

그렇다면 우리가 확인한 역사 진리와 계시 진리가 충돌할 것 같습니까? 가톨릭의 고고학자 데아르 샤르뎅 같은 분도 학문적 진리와 신앙이 충돌할까 걱정스러워 영적 지도신부와 의논했다고 합니다.

그러나 신학적 계시 진리와 역사적 확인 진리는 결코 충돌하지 않습니다. 아무 걱정할 것 없지요. 고도의 기술과 학문적 진리가 하느님의 은총 없이 발견될 수 있을 것 같습니까? 하느님의 은총 안에서 다 발견한 것입니다.

그러니까 그가 믿고 있는 신앙과 역사적 진리를 일치시키려는 역사학자들의 노력은 정당한 것이고 그렇게 공부하고 추구하는 내용이 역사신학입니다.

한국교회사를 봅시다. 신학적 측면을 먼저 보면, 한민족의 구원사적 연구인데 첫째가 순교자의 현양의식입니다. 이 연구는 상당한 수준입니다. 공소회장들이 하는 말씀이 전부 이거니까요.

그런데 한민족의 구세사적 연구는 전혀 없습니다. 한국교회사가 그런 점에서 황무지입니다. 한국신학이 있어야 한국인의 전통과 한국적 사고방식으로 사는 사람에게 그 문화와 역사적 체험이 담긴 언어로 진리가 전달될 거 아닙니까. 한국신학을 개발해야 돼요.

유명한 신학강의를 들어보세요. 전부 외국사람 얘기만 하고, 영어 많이 쓰고, 책이름 많이 갖다댑니다. 그렇지만 그 옛날에 우리 순교자들은 그런 글 몰라도 하느님 말씀을 딱 전하고 죽습니다.

한국신학이 할 일이 이거예요. 교회가 우리나라 역사 안에서 어떻게 수난받고 희생했는지, 또 공헌한 바는 무엇인지, 왜 배격당했고 어떻게 수용됐는지 하는 연구가 안되어있습니다. 계속 뭐 천주교 신자는 죽었다 소리만 자꾸 하는데, 도대체 무엇과 무엇이 충돌해서 죽었나 이 말입니다.

예를 들어서 천주교를 들여온 사람들이 대부분 유학자들인데 여러분 주변 어른들 중에 유학하신 어른들 천주교 받아들입디까? 왜 한쪽은 유학을 하고도 천주교에 들어오는데 한쪽은 유학했다고 천주교에 안 들어오느냐 이 말이죠. 그런 것들을 밝혀야 할 거 아닙니까?

사회와 문화사적 측면에서 한국교회가 어떻게 이바지했는지도 밝혀야 합니다. 지금 사형폐지운동을 하고 있죠. 이게 만약 된다면 적어도 하느님께서 주신 생명을 아무리 국법이라 하더라도 인간이 제재할 수 없다는 점을 인정하는 게 됩니다.

이런 것들이 한국교회가 우리나라 문화에 기여하는 점이라 할 수 있죠. 이런 점을 연구하여 앞으로 펼칠 포교방법이나 선교방향을 잡아나가는 게 한국교회사를 공부하는 까닭입니다.

우리가 겪고 있는, 우리 앞에 놓여있는 현실적인 문제도 그런 점에서 성찰하고 반성하고 대책을 세워야 한다는 겁니다.

누가 한국교회사를 썼나

샤를르 달레 신부가 쓴 〈한국천주교회사〉가 있습니다. 한국 교회 역사에 대한 최초의 통사通史입니다. 그런데 달레 신부는 한국에 오신 적이 없습니다. 다만 사료를 정리하다가 파리외방전교회 신부가 한국에서 보낸 한국교회 자료를 읽고 쓴 것이 〈한국천주교회사〉입니다.

철저히 자료를 가지고 썼지만 한국문화를 너무 몰라서 엉뚱하게 전달된 부분이 있습니다. 재미삼아 한 가지 말씀드리면 이런 대목이 나옵니다.

"한국의 여인들은 그 아이들을 무릎에 앉혀놓고 밥을 떠 먹이는데 한없이 먹인다 이거야. 먹이고 또 먹여서 배를 꾹 눌러도 도저히 더 안 들어갈 만큼 먹인다 이 말이야."

그런데 나는 분노 비슷한 걸 느꼈어요. 뭐냐? 서양인들이야 부모와 자식 사이에 숙명적 관계가 없지요. 그러니까 따로 의자에 앉혀놓고 "니 먹을 거 니 먹어라." 하지만 우리는 숙명적 관계를 맺고 있단 말입니다. 그래 무릎에 앉혀놓고 끝없이 밥 먹이는데 뭐 잘못됐냐 이 말입니다. 한국의 문화적 풍토를 알았다면 그런 일은 없었겠지요.

또 깜빡 잘못 적은 부분도 있습니다. 예를 들어 주문모 신부가 순교하실 때 나이가 스물네 살이라고 적어놨거든요. 그런데 관변측 문서에는 마흔두 살이라고 나와요. 고치면 된다지만 확인하려면 관변자료와 문서를 다 뒤져야 하니 죽을 지경 아닙니까?

다른 문제도 있습니다. 우리나라에서 순교가 일어나면 이 순교에 관한 글을 한문으로 적습니다. 그걸 베이징北京에 보내면 라틴말로 고칩니다. 이것이 파리외방전교회에 가면 또 불어로 바뀝니다. 달레 신부는 이 불어판을 보고 적습니다.

그 과정에서 이름이 마구 바뀌는 겁니다. 순교자가 처형된

장소가 모래산도 됐다가 노래산도 됐다가, 순교한 사람이 윤희도 됐다가 유희도 됐다가 정신이 없는 겁니다.

이런 문제가 있지만 아직까지 이만한 통사가 없으니 한국교회사를 하려면 달레 신부의 이 교회사를 읽지 않을 수 없어요.

그리고 여기에 일본식민사관까지 끼어들어요. 현재 역사학이 인정하는 정설은 대륙문화가 한반도를 거쳐서 일본에 전달됐다는 겁니다.

그런데 일본사람들은 이걸 인정하지 않으려 합니다. 자기네 문화, 즉 해양문화가 대륙으로 갔다고 주장하고 싶은 거지요. 뭐든 한 건이라도 해양에서 대륙으로 갔다는 걸 증명하면 36년 동안 한국을 속국으로 만들었던 점에 대한 가책을 덜 수 있을 테니 더 그러지요.

그래서 만든 게 '청구사학회'입니다. 이 청구사학회 학자들이 천주교가 일본을 통해 우리나라로 들어갔다는 걸 증명하려고 무진 애를 씁니다.

구체적으로 어떤 일을 했느냐. 임진왜란 때 일본에서 그레고리오 데 쎄스페데스 신부가 군종신부로 우리나라에 들어오거든요. 쎄스페데스 신부는 약 1년 동안 군종사목을 하셨는데 그때 천주교가 우리나라에 전해졌다는 거죠.

이 작업을 일본사람들이 얼마나 열심히 하느냐? 일제시대에 총독부에서 공고를 했는데 쎄스페데스 신부가 우리나라에 머물던 기간인 1593년부터 약 1년 사이에 발신지가 조선인 쎄스페데스 신부의 편지를 한 장이라도 가져오면 엄청난 상금을 주겠다고 했습니다.

덕택에 7통의 편지를 찾긴 했어요. 그런데 그 편지에 상당히 많은 조선사람에게 영세를 줬다는 대목은 나오는데 그 신부 때문에 우리나라에 천주교가 전파되고 민족구원의 역사가 시작되었다고 말할 만한 증거는 없었습니다.

사실 광복 이전까지 한국교회사는 대부분 외국선교사나 식민사관에 빠진 일본 사학자들이 기록한 겁니다. 그러니 상당히 왜곡됐을 소지가 있지요.

그러다가 민족사관에 입각해서 우리 민족의 손으로 우리 역사를 쓰기 시작합니다. 이게 한국교회사 연구의 전환입니다. 언제냐? 바로 '한국천주교회사연구소'가 만들어지면서입니다. 그 연구소 소장인 최석우 신부나 이원순전 서울대 교수, 조광고려대 교수, 차기진양업교회사연구소 소장, 김옥희 수녀한국순교복자수녀회의 공을 누구도 부인하지 못할 겁니다.

천주교 어떻게 들어왔나

그럼 천주교회가 한국에 들어오는 과정을 보기 전에 아시아 지역에 천주교가 전파된 과정을 봅시다.

1541년 인도 고아에 들어와 있던 프란치스코 하비에르 신부가 일본인 한지로를 만납니다. 그의 안내를 받아 1549년에 일본 가고시마에 상륙해서 전교를 시작합니다.

중국은 어떤가. 중국에는 천주교가 세 차례 전달됩니다. 첫 번째가 635년에 당나라에 전해진 건데 바로 최초의 이단인 네스토리아니즘입니다. 이 네스토리아니즘을 중국에서는 경교景

敎라고 그럽니다. 이건 천주교는 아니지만 동양에 예수 그리스도와 관계되는 종교로 처음 들어온 겁니다.

그 후에 중국에 천주교가 다시 전해지는데 〈천주실의〉를 쓴 마테오 리치 신부가 1600년에 베이징에 가서 선교를 시작합니다. 1601년 남당을 건립하고, 흠천감에 있으면서 천주교를 전한 것이 오늘날 중국천주교회의 시작이라고 볼 수 있습니다.

이제 일본과 중국에 천주교가 들어왔죠. 그 나라에서 우리나라에 천주교를 전하려는 노력을 하지 않았겠습니까? 저 멀리 유럽에서 생명의 위험을 무릅쓰고 중국이나 일본까지 온 사도들이 우리나라에 천주교를 전할 생각을 안했을 리 없습니다.

우선 일본에 있던 가스팔 비렐라 신부가 친구에게 보낸 편지에 이런 대목이 나옵니다.

"내가 있는 곳에서 배를 타고 서북쪽으로 약 10일 동안 가면 꺼울이라는 곳이 있다. 나는 거기에 복음을 전하러 가려고 4년 전부터 마음먹고 있다."

여기 말한 꺼울은 꼬라이, 즉 고려입니다.

또 필리핀에 있던 도밍고회 도밍고 요한 신부가 1601년에 조선에 상륙하려다가 받아주지 않아서 일본의 나가사키로 갑니다. 거기서 임진왜란 때 일본에 붙잡혀 간 우리나라 사람을 만납니다.

가이오라는 분인데 이분이 요한 신부의 소식을 듣고 자기 집에 머물게 하면서 극진히 모십니다. 그러면서 우리나라에 들어올 계획을 세우는데 그 계획을 미처 실행하기 전에 일본에서 박해가 일어납니다.

결국 요한 신부와 가이오라는 한국인이 붙잡혀서 살갗에 뜨거운 물을 붓는 고문을 당하다가 끝내 순교하는 사건이 벌어집니다. 이분이 바로 205명의 일본 순교복자에 포함된 한국인입니다.

중국에서는 우리나라에 천주교를 전하려고 어떻게 노력했느냐? 이 점은 국사책에도 나오는 소현세자 얘기가 있습니다. 소현세자와 아담 샬 신부의 만남은 60일밖에 안되지만 서로가 대단히 깊이 아셨습니다.

아담 샬 신부에게 받은 많은 선물 가운데 그리스도 상과 예수 그리스도의 상본에 대하여, 소현세자가 "너무나 거룩한 선물을 받았다. 이 선물을 거기에 걸맞게 소중히 모셔야 되는데 우리 민족은 예수님을 모른다. 그래서 이 성상을 가져갔다가 그만한 예우를 하지 못한다면 누를 끼치게 될까 염려스러워 이것만은 도로 돌려드렸으면 한다."라고 쓴 편지가 있습니다.

　이걸 읽고 사람들은 소현세자가 성상은 돌려주고 나머지 선물만 받아온 줄 아는데 그렇지 않습니다. 그럼 받아왔으면서 그게 무슨 소리냐?

　그건 우리나라 풍속을 알아야 되는데, 서양사람은 사과 두 쪽만 놓고도 "정성껏 차렸으니 많이 잡수시오." 하고, 우리나라 사람은 상다리가 휘도록 차려놓고도 "차린 건 없지만 잡숴 보세요." 하거든요. 그러니까 소현세자가 성상에 대한 깊은 이해를 나타낸 것이지 돌려준 건 아닙니다.

　뿐만 아니라 기록에 따르면 소현세자는 자신이 왕위에 오를 사람이기 때문에 세례를 받지 않았지만 "천주교를 우리나라에 전할 신부님 한 분을 동행시켜달라."고 아담 샬 신부에게 부탁합니다. 아담 샬 신부가 그때 교회사정으로 신부를 동행시키지 못하고 대신 영세한 사람들을 딸려 보냅니다.

　소현세자는 천주교 신자인 중국인 환관 다섯 명과 궁녀를 거느리고 국내에 들어오게 됩니다. 그러나 소현세자는 들어온 지 70일 만에 왕권다툼으로 독살당합니다. 그래서 함께 왔던 궁녀들이 6개월 만에 되돌아가버리는 바람에 결국 천주교를 못 전하죠.

만약 소현세자가 왕이 됐더라면 우리나라의 상황은 전혀 달라졌을 것입니다. 이때 천주교가 전해졌더라면 36년간 일본의 압박은 안 받습니다. 천주교가 들어왔다고 왜 일본의 식민지가 안되느냐? 안될 분명한 이유가 있습니다. 그건 나중에 설명드리겠습니다.

한편 아담 샬 신부와 그 동료 신부들이 프랑스에 '조선왕국의 임금_{왕세자를 임금이라고 표현했음}이 천주교를 전할 신부 한 분을 요청했는데 신부가 없어 못 보냈다.'는 편지를 보냅니다.

그러니 프랑스에서는 성체회를 중심으로 '새 나라에 새 신부를 보내자.'는 아시아 지역 신부파견운동이 벌어졌습니다. 그러다가 "이래서는 안되겠다. 신학교를 하나 만들어 사제를 양성해 보내야 되겠다." 해서 만든 신학교가 그 유명한 파리외방전교회 신학교입니다.

그러니까 소현세자와 파리외방전교회가 관계 있다는 것을 참고로 하시면 모든 것이 우연이 아니다 이거죠.

천주교와의 첫 만남

임진왜란, 천주교를 만난 조선인들
안토니오 꼬레아

임진왜란을 전후로 하여 일본군은 기가 막히게도 우리의 선조 5만여 명을 일본으로 잡아갔습니다. 그때 각종 기술자도 다 잡아갔죠. 일본의 식생활과 도기문화의 중심이 이때 우리나라에서 간 사람들에 의해서 만들어진 겁니다. 그 잡혀간 사람들의 생활이 얼마나 비참했는지 이루 다 말을 못합니다.

프란치스코회 카를레티 수사는 1594년에서 1606년까지 12년 동안 세계를 여행합니다. 여행을 하다가 1597년 6월 나가사키에서 약 1년 간 머물다가 갔습니다.

그리고 12년 간의 여행을 마치고 본국에 돌아가 기행문을 썼는데 그 속에 1년 동안 일본에 있으면서 본 사실을 생생하게 기록해놓은 글이 있습니다.

"5만여 명이 잡혀왔는데 어른들은 완전히 노예가 되어 짐승처럼 묶인 채 대부분 포르투갈에서 온 상인들에게 팔립니다. 포르투갈 상인들은 이들을 다시 인도와 유럽에 팝니다."

그러니까 인도 고아와 포르투갈 일대로 당시 우리나라 사람들이 무수히 노예로 팔려갔다 이거죠. 너무 헐값이니까 이 노예를 사기 위해서 포르투갈의 노예 상인들이 부산 앞바다까지 와서 기다립니다. 그러면 일본군이 하루 전투해서 잡아와 노예로 팔아먹는 거죠.

"너무나 비참했다. 인간으로서는 차마 볼 수가 없었다. 더욱 놀라운 것은 아이들, 아주 철부지 어린것들을 두 손과 발을 묶은 채 한 무더기로 엮어 한 무더기에 얼마로 해서 팔았다. 그 어린것들은 말도 못하고 먹지도 못해서 비참하게 말랐는데 두려움과 공포가 그득한 눈으로 주변을 살펴보지만 아무도 그들을 구해줄 사람은 없었다."

개중에는 고관대작의 아들도 비참하게 묶여 노예로 팔려갔는데, 말이 통합니까? 아무것도 통하는 게 없습니다. 카를레

티 수사가 불과 12스큐티의 돈을 주고 그 한 무더기를 사니까 5명이었다는 겁니다. 이 아이들을 이틀 동안 보살펴도 공포에 질려서 밥을 못 먹더라는 거죠.

조심조심 밥을 먹이고 정신을 차리게 하여 그중 네 아이는 인도의 고아원에서 자유롭게 살라고 보내고, 한 아이는 하도 어리고 귀여워서 피렌체까지 데리고 왔다는 겁니다.

그 불쌍한 아이들을 더 사서 풀어주지 못한 것이 가슴 아프다고 수사는 적고 있습니다.

"피렌체에 와서 그 아이에게 세례성사를 줬는데, 본명을 안토니오라고 했다. 성도 이름도 모르고, 한국사람이라 해서 이름을 안토니오 꼬레아로 지었다. 거기서 수도회에 입회하고 신학공부를 해서 훌륭한 가톨릭 지도자가 되었는데 그는 지금 로마에 살고 있다."

가장 비참한 상황에서 이 안토니오 꼬레아는 기가 막힌 모습을 보여주며 우리 역사상 최초로 가톨릭 지도자로서 유럽에 살게 됩니다.

일본에서 순교한 조선인들
권빈첸시오, 줄리아, 가이요

임진왜란 때 우리나라에 왔던 왜군 장수 가운데 가톨릭 신자인 고니시 유키나가小西行長가 있습니다. 그는 서울에서 조선장수의 아들인 열세 살 먹은 어린이 하나를 얻어서 대마도주 부인인 자기 딸한테 보냅니다. 독실한 가톨릭 신자로 마리아라는 세례명을 가진 딸은 이 아이에게 신학공부를 시켰고 소년은 세례를 받습니다. 이 소년이 권빈첸시오입니다.

1612년에 도쿠가와 이에야스德川家康가 일본 전역에 천주교 박해령을 내립니다. 그때 예수회 신부들을 포함해 많은 분이 죽게 됩니다. 그러자 예수회 일본관구는 일본에서는 더 견딜 수 없다. 관구를 조선으로 옮길 수 없을까 궁리하다가 조선 출신인 권빈첸시오를 보내 조선입국을 모색하게 했습니다. 조선에 들어갈 길을 뚫으라는 거지요.

그런데 조선의 쇄국정책으로 해로로는 입국이 불가능하여 만주로 가 육로입국을 모색합니다. 그때 마침 만주에 누루하치가 일어나 조선을 침범하는 바람에 만주국경도 봉쇄됩니다. 권빈첸시오는 7년 동안 만주에 머물면서 한국에 들어오려고 애쓰지만 결국 실패하고 나가사키로 돌아갑니다.

권빈첸시오는 신부를 모시고 도쿠가와 이에야스의 박해 속에서도 불쌍한 사람들, 특히 한국에서 잡혀간 사람들을 상대로 전교해 2천여 명을 영세입교시킵니다.

그러나 결국 잡혀가서 나가사키의 이시사카에서 화형을 당합니다. 그는 205명의 일본복자에 포함돼 있습니다. 그러니까 우리는 나가사키에 있는 우리나라의 순교자들에 대하여도 관심을 가져야 됩니다.

고니시 유키나가는 평양에서 세 살배기 여아를 또 하나 얻습니다. 이 애가 하도 예뻐서 부인인 유스티나에게 보내 이 아일 양녀로 삼습니다. 물론 부인이 가톨릭 신자니까 가능했지요.

이 아이가 천주교 신앙을 가지고 잘 자랐는데 불행하게도 임진왜란, 정유재란이 끝난 다음에 귀국한 고니시 유키나가가 도쿠가와 이에야스의 반대편에서 싸우다 그만 죽습니다.

고니시 유키나가가 죽었으니 이 양녀는 도쿠가와 이에야스의 종이 되고 맙니다. 비록 종이 됐지만 아름답고 교양도 높고 또 지식이 뛰어나서 아무도 그를 소홀히 대하지 못합니다. 게다가 도쿠가와 이에야스 자신이 그를 매우 존중합니다.

그러다가 일본 전국에 천주교 박해령을 내렸는데 이 여인 또한 천주교 신자라 도쿠가와 이에야스가 "너도 천주교를 버려라." 그럽니다. 그때 이 여인이 미소를 지으면서 아름답고 고운 목소리로 "나는 신앙을 버리지 못합니다." 이러죠.

신분이 딸에서 종으로 바뀌었죠, 전국에 천주교 박해령이 내렸죠, 그런 곤란한 순간에 미소를 띠었다는 것은 그리스도의 평화를 보여주는 겁니다.

도쿠가와 이에야스가 이 여인을 곱게 봐서 여유를 주려고 도쿄에서 떨어진 섬으로 1년 동안 유배를 보내면서 말합니다.

"언제든지 천주교를 버리면 나한테 연락해라."

다시 부르겠다는 거죠. 그런데 1년이 지나도 그럴 마음이 없다고 하니까 도쿠가와 이에야스도 도리 없습니다.

그렇지만 죽이지는 않고 도쿄에서 서남쪽으로 174㎞ 떨어진 천애의 고도에, 농사꾼 집이 열 채 정도 있고 어선도 별로 들지 않는 곳에 유배보냅니다. 그 여인은 거기서 예순두 살까지 살았습니다.

일본교회사 자료에 그가 순교했다고 적혀 있었지만 흔적을 알 길이 없었는데 그 섬에 사는 한 선생님이 한국식 무덤과 비석이 거기에 있다는 것을 신부에게 알려줬습니다. 신부가 현장에 가서 교회기록과 비문내용이 일치하는 걸 알았습니다.

2001년에 그분을 위한 기념제가 23회째 열렸는데 바로 오타 줄리아입니다. 줄리아의 영성은 고통이 주님께 공을 세울 수 있는 기회라고 생각하여 오히려 기뻐한 것입니다.

임진왜란 때 잡혀가서 바로 순교한 사람 중에 아주 극적인 삶을 산 사람이 있습니다. 가이요라는 사람이죠. 일본 205인 순교복자 중 한 사람인데 어디 출신인지는 모르지만 일찍부터 종교적 진리추구에 심취해 은수자처럼 살았습니다. 그는 "성도를 해야 되겠다."면서 토굴에 들어가서 아주 엄격하게 수련합니다.

그러던 어느 날 매우 훌륭해 보이는 낯선 사람이 나타나서 말하기를 "당신은 당신이 구하는 것을 반드시 얻을 것이오." 그럽니다. 그래서 기분이 좋아 "암, 내가 구할 땐 얻으려고 구하는데 못 얻으면 되겠소? 얻어야지요." 하고 말하는 사이 그 사람이 없어졌어요.

낯 모르는 사람이 찾아와서 성도할 거라고 말해줘서 기분이 좋았는데, 그 이튿날 나쁜 일이 벌어집니다. 일본군한테 잡힌 거지요. 그래서 일본으로 가는 배에 실렸습니다. 그 배가 일본으로 가는 도중에 폭풍우를 만나 파선됩니다. 배에 탔던 사람은 모두 죽었는데 이분만 용케도 파도에 밀려서 해변에 닿습니다.

살아남은 후에 가이요는 '그 청년이 날 보고 성도할 것이라 그랬으니 내가 성도하기 전에는 안 죽을 것이다.' 하는 일종의 영감을 얻습니다. 그래서 일본 교토에 있는 한 절에 들어갑니다. 그러나 그는 불완전한 인간이 만든 것에 기대를 걸었던 자신의 어리석음을 깨닫고 실망해서 절에서 뛰쳐나옵니다.

도중에 마을사람을 한 명 만납니다. 마을사람이 묻습니다.

"당신 어디 가오?"

"내가 도를 닦으려는데, 절에서는 도저히 못 닦을 것 같아서 내려옵니다."

그러니까 마을사람이 "아, 절에서 못 닦으면 절 밖에서 도 닦는 사람을 한번 만나보겠소?" 합니다.

그래서 만난 게 예수회 신부입니다. 그 신부한테 교리를 배워서 세례를 받는 날 신부가 예수님 상이 들어있는 상본 한 장을 선물로 줍니다. 이 사람이 상본을 보고 신부에게 묻습니다.

"신부님이 이 청년을 어떻게 알아요?"

"그게 무슨 소리냐?"

"이 사람을 만난 적이 있어요. 내가 우리나라에서 도를 닦을 때 나한테 와서 '당신 뜻을 이룰 것'이라고 말한 사람이 이 사람이오."

그런 체험 때문에 이 사람은 열심히 신앙생활을 합니다. 박해령이 내린 후 가이요가 체포되었는데 간수들이 일주일만 가이요를 접하면 가톨릭 신자가 돼 세례를 받습니다. 우리나라 교회사에도 이런 예는 거의 없습니다.

그러자 관장이 직접 가이요를 불러내서 이성을 잃고 고문을 합니다. 고문을 견디면서 배교하지 않은 가이요는 마침내 일본의 복자 205위 가운데 한 분이 됩니다.

임진왜란 전후로 일본인이 우리 국민에게 가한 박해는 이루

말할 수 없죠. 그런데 그때 보여준 한국인들의 신앙생활, 일본에서 보여준 증거적 삶, 이것은 또 다른 측면에서 한국인들이 매우 신앙적이라는 걸 보여줍니다.

학문으로 들어온 천주교
성호 이익

한국은 어떻게 천주교를 받아들였는지 봅시다.

이성계는 조선을 건국하면서 세 가지 기본정책을 폅니다. 그게 바로 농본, 숭유배불, 사대교린입니다. 한국의 천주교는 중국을 큰나라로 모시고 이웃과는 친하게 지내자는 사대교린 정책과 관련됩니다.

사대교린 정책을 편 조선정부는 해마다 중국에 사신을 파견했습니다. 이 사신이 중국에 갈 때면 역관, 마부, 수행선비들도 따라가지만 장사하려는 상인들도 따라갑니다. 왜 가냐? 베이징까지 가는 길이 험해서 혼자나 또는 몇 사람이 모여서는 못갑니다. 그래서 정부에서 사신을 보낼 때 덩달아 가는 겁니다. 그 규모가 클 때는 600명, 작을 때는 150명 정도 됩니다.

이 일행이 육로로 베이징까지 가는데 쉬지 않고 가도 30일은 걸리는 길입니다. 그런데 안 쉬고 갈 수는 없으니까 한 달 반, 즉 45일 정도 걸려서 가는 거지요.

그렇게 오래 걸려 가는 길이니 그 행차에 한 번 끼어서 중국에 갔다 온 사람은 여기저기 불려다니면서 자기가 본 것을 이야기해줍니다.

이렇게 전해진 것 가운데 '입연도 19경'이라는 게 있는데, '연경에 들어가는 길에 있는 관광명소 19군데'라는 뜻입니다. 그런데 이 19군데 관광명소 가운데 4군데가 성당입니다.

그게 어느 성당이냐면 여러분 잘 아는 마테오 리치 신부가 지은 동당, 아담 샬 신부가 살던 남당, 북당, 서당 이렇게 4군데입니다. 4군데 성당을 구경하고 온 우리나라 사람들이 한 이야기를 들어보면 이렇습니다.

"거기에는 서사西士, 서쪽 선비들이 사는데, 그 생김새가 기이해서 머리카락은 노랗고, 눈알은 파랗고, 키는 엄청 큰데 온몸에 털이 난 걸 보면 짐승 같지만 아는 것은 많아서 선비는 선비다. 우리는 그들을 구경하고 왔다."

그때 조선선비들이 구경했다는 그 사람들이 바로 마테오 리치, 아담 샬, 판토자 같은 예수회 신부들입니다. 땅끝까지 복음을 전하겠다는 사도적 열정에 불타던 예수회 신부들이 동방에 어떤 나라가 있다는 걸 알았는데 그 나라에 복음을 전할 생각을 하지 않았겠습니까? 게다가 아담 샬 신부는 이미 우리나라에 복음을 전하려고 시도하지 않았습니까.

그러니 이 신부들이 성당을 구경온 조선선비들에게 무척 친절하게 대할 것은 자명한 일입니다. 중국사람들이야 어디 그럽니까? 상전국가라고 조선사람을 우습게 봅니다.

그런데 이 신부들은 친절하게 대해주니 조선선비들이 감동해서 귀국할 때쯤이면 또 인사를 하러 갑니다. 그러면 신부들이 선물을 줍니다.

그때 받아온 선물 중에 한역서학서가 있습니다. 옛날에는 천주교를 '서학'이라고 한 거 다 아시지요? 그 '서학'이라는 말이 여기 한역서학서에서 나온 겁니다.

이 책에 어떤 내용이 있었는가 하면 마테오 리치 신부가 쓴 〈천주실의〉가 있었고 그밖에 〈교우론〉, 〈칠극〉, 〈진도자증〉, 〈성교절요〉, 〈성세절요〉 같은 천주교 교리와 관계되는 것이 있었습니다.

그것만 있었느냐? 아닙니다. 과학기술에 관한 내용, 즉 〈직방외기〉, 〈만국여도〉, 〈만세력〉이 있었습니다. 이렇게 천주교 교리와 과학문명이 한데 섞여있던 책이 한역서학서입니다.

그러니 천주교가 우리나라에 처음 들어올 때 그 등에 서구 과학문명을 짊어지고 있었다고 볼 수 있지요. 그때 우리 선조들은 '서학'이라고 해서 천주교와 과학기술문명을 같은 걸로 취급했습니다. 그랬기 때문에 서학을 탄압한다는 것은 바로 과학기술문명도 탄압하는 결과를 빚습니다.

그래서 일본에 진 겁니다. 이때 서학을 탄압하지만 않았어도 일본보다 먼저 가거나 최소한 같이 갈 수 있는 건데 그러지 못했지요. 우리나라에 한역서학서가 들어온 게 일본이 개화한 때보다 백 년 정도 전이니 이때 천주교와 동시에 서구문명만 받아들였어도 우리는 일본에 먹히지 않았을 겁니다.

이 한역서학서가 들어오던 때 우리나라에서 실학운동이 전개됩니다. 우리나라 근대사상 중에 내놓을 만한 게 실학인데 그 실학이 이 책 덕분에 싹텄다는 거지요.

그때 우리나라는 어떤 상태였나 하면 임진, 정유 두 왜란을 겪고 백성들이 공리공론에 빠진 유교적 가르침에 회의를 느끼고 있었습니다. 그러니 고도의 과학기술과 정교한 천주교 교리가 기록된 한역서학서에 영향을 받지 않을 수 없었지요.

우리나라에 들어온 서학을 학문으로 정립시킨 대표적인 사람이 성호 이익입니다. 이 사람이 쓴 〈성호사설〉에 보면 마테오 리치 신부가 쓴 〈교우론〉과 판토자 신부가 쓴 〈칠극〉에 관한 내용이 있습니다.

그렇다고 이익이 천주교 신자가 된 건 아닙니다. 책을 쓰면서 이런 이론을 소개는 했지만 끝에 이렇게 씁니다.

"서학에는 우리 유가에서 미처 생각하지 못했던 상세한 절목節目들이 있어서 매우 도움이 된다. 그러나 나는 이것을 믿지 않는다."

그러니까 어디까지나 학자적인 측면에서 쓴 겁니다.

성호 이익처럼 서학을 학문으로 연구한 사람들을 크게 두 부류로 나눌 수 있는데 하나는 '서학 중에 천주교에 관한 부분은 빼버리고 서구의 발달한 과학기술문명만 받아들이자.'는 북학파, 또 하나는 '과학기술도 받아들이지만 그보다는 천주교 교리를 더 많이 받아들이자.'는 서학파입니다. 이 서학파의 태두가 광암 이벽입니다.

당시 서학을 연구하던 사람들은 무엇보다 보유론적 연구자세를 보여줬습니다. 무슨 소리냐 하면 천주교가 으뜸이 아니고 유교가 중심인 겁니다. 그러니까 유교의 부족한 점을 보충해주는 학문이라는 생각에서 서학을 연구하고 서학을 좋아한 겁니다.

그러니 이 사람들이 영세하고 입교했더라도 천주교 신자라고 할 수 있습니까? 종교지도자라고 할 수 있겠습니까? 그럴 수는 없을 겁니다.

그건 지금도 마찬가지입니다. 교수라고, 판검사라고 세례받자마자 떡하니 사목회장 시키고 그러는데 그 사람들이 사회적인 지도자는 될 수 있어도 종교적인, 영적인 지도자는 될 수 없다는 말입니다.

그러니까 이 무렵에 학문으로 서학을 배워 들여왔던 초기 신자들은 첫 박해가 나타나자마자 다 도망쳐버립니다. 그렇지만 한국교회는 무너지지 않습니다. 왜냐? 선각자들, 선구자들은 다 도망쳤지만 글도 못 읽는 중인들, 서민들의 신앙심이 한국교회를 지켜냈기 때문입니다.

평신도가 들여온 천주교

학문을 신앙으로 바꾸다
홍유한, 허균, 천진암 강학회

파스칼이 이런 말을 했습니다.

"나는 철학을 한다. 그런데 철학을 해서 해결하지 못하는 것이 많다. 그래도 내가 철학 속에서 유유자적할 수 있는 것은 철학이 해결하지 못하는 부분을 신앙으로 풀기 때문이다."

바꿔 말하면 신앙이 없었다면 철학을 즐기지 못했으리라는 얘기입니다. 이렇게 학문적 진리를 신앙으로 바꾸는 게 중요합니다. 그럼 우리 선조들은 2백 년 동안 학문으로 공부해오던 천주학을 어떻게 신앙으로 바꿨을까요.

그걸 보여주는 분이 있는데 바로 홍문관교리 홍유한입니다.

이 사람은 벼슬을 떠나 고향인 단양에서 일생동안 신앙생활을 했습니다. 그렇지만 신부를 본 적도 없고, 세례를 받을 수도 없었지요. 그러니 그저 책을 읽고 그 가르침을 지킵니다.

어떻게 지키느냐? 성경에 "주일을 거룩하게 보내라."는 말씀이 있지요? 그때 우리나라에는 주일이라는 개념이 없었습니다. 주일이 언젠지 모르지요. 홍유한이 성경책을 자세히 들여다보고 주일이 7일 만에 돌아온다는 걸 알았어요. 그래서 본인이 마음대로 초하루부터 7일째 되는 날을 주일이라 정하고는 거룩하게 보냅니다.

어떻게 하느냐? 책에서 읽은 천주교 교리를 바탕으로 이웃 사랑을 실천하고, 가난한 이를 도와주고, 착한 일을 권하는 생활을 하는 겁니다. 얼마나 아름답습니까?

또 한 사람이 있는데 〈홍길동전〉을 쓴 허균입니다. 이분은 진주사陳奏使로 중국에 갔다가 '게偈 12장'을 얻어옵니다. '게 12장'이 뭐냐? 바로 천주교 기도문 12개를 말합니다. 그 기도문을 매일 읽는 겁니다. 기도생활을 했다는 거지요.

물론 꼭 기도생활을 했는지는 알 수 없지만 〈어우야담〉이나 이 무렵 선비들이 쓴 다른 책에 허균이 천주교 실천운동을 했다는 기록이 많습니다.

특히 이 양반이 쓴 소설 〈홍길동전〉은 서자를 주인공으로 삼지 않았습니까? 그건 천주교의 평등사상을 배우지 않고는 할 수 없는 구상입니다. 그러니 이 작품이 천주교 영향을 받았다는 걸 알 수 있지요.

우리는 조선후기의 사회변동 속에서 진지하게 참진리를 추구하던 지식인들이 마침내는 단순한 학문적 진리가 아니라, 인생의 의미와 가치를 부여하는 종교적 욕구를 추구하는 변화를 보았습니다. 이때 등장하는 것이 강학회입니다.

교회도 없는 곳에서 한두 사람이 자발적으로 신앙생활을 실천한 경우는 세계교회 사상 유례가 없는, 한국교회에만 있는 독특한 사건입니다.

그렇긴 하지만 한두 사람의 신앙실천운동이 민족의 구원사로 연결되는가 하는 문제가 남아있는데 그 고비를 넘겨주는 것이 그 유명한 천진암 강학회입니다.

사실 강학회에 관해서는 교회사료가 정확하지 못합니다. 그저 상당히 깊은 얘기들이 오갔다는 것 정도만 알지요.

이 강학회는 대단히 엄숙한데다 일정도 빡빡했어요. 해뜨기 전에 일어나 명상하고 소세한 뒤 정좌해서 기도합니다. 그리고 아침 먹고, 강학을 합니다. 성현의 가르침과 천주교 교리에 대해 읽고 연구한 것을 서로 나눕니다. 정오가 되면 오전을 성찰한 후 점심을 먹고 오후에 또 강학을 합니다. 꼭 수도자 같지요. 그리고 잠들기 전에 하루를 반성하고 명상을 합니다.

강학회를 주도한 이가 양근지금의 양평 땅의 권철신입니다. 명문대가 사람이지요. 그의 아우인 권일신과 당대를 풍미하던 대 유학자 십여 명이 한자리에 모여 일주일도 넘게 강학회를 엽니다. 그곳이 북한강 상류 앵자봉에 있는 천진암입니다.

당시 서울 수표교에 살던 광암 이벽이 천진암에서 강학회가 열린다는 소문을 듣습니다. 이벽이 한강 줄기를 따라 북쪽으로 천진암을 찾아가다가 길을 잘못 들어 주어사로 들어가지요. 주어사에서 앵자봉을 넘어야 천진암입니다.

하루를 꼬박 걸었으니 길지 않은 겨울해가 그만 서산을 넘어가버렸습니다. 주어사에 들어가서 강학회 열리는 곳이 어디냐고 물으니 스님 한 분이 횃불을 들고 광암을 천진암에 데려다 줍니다. 아주 극적이지요.

이런 광경은 지금도 전 세계 가톨릭 신자들에게 감동을 줍니다. 단 한 분의 사제도 없이, 강론 한번 듣지 않고 서책만으로

학문을 신앙으로 바꾸다

알게 된 하느님의 진리를 추구하는 정열, 횃불 하나 들고 눈 덮인 겨울 산길을 걸어 강학회를 찾아간 사람이 광암입니다.

그렇게 참여해서 그 유명한 '천주공경가'와 '십계명가'도 짓고, 서민들이 알아듣기 쉽게 천주교 교리에 곡을 붙입니다. 강학회가 그렇게 진지하고 치열했습니다.

요즘은 어떻습니까? 가톨릭도 젊은 사람들 모아놓고 절반은 노래 부르고, 놀고 그래야 된다고 생각합니다. 안 그러면 젊은 사람들이 힘들어한다고.

정작 젊은 사람들은 오락기나 컴퓨터 앞, 나이트클럽에 가서 밤새워 잘들 놉니다. 그런데 왜 하느님 성체 대전에서는 밤을 못 새우는 겁니까? 그러면 안됩니다. 훈련을 시켜야 해요.

왜 우리가 가끔 흐트러지는 때가 있더라도 할아버지와 어머니, 아버지와 함께 꾸벅꾸벅 졸면서 로사리오기도를 바치던 때가 생각나 제자리로 돌아올 수 있지 않습니까. 이런 체험을 어릴 때 다 넣어줘야 합니다.

이렇게 되면서 그들의 학문적 연구가 종교적 갈구로 변화합니다. 학문적인 갈구가 지적 호기심을 자극해서 과학적이고 객관적인 진리를 터득하게 해주지만 그것 자체로는 생의 의미나 가치를 알려주지 못합니다.

 그 앞자리에 선 사람이 광암이어서 우리는 초대교회 건설의 첫 번째 공로자로 모시는 겁니다.

한국교회의 머릿돌
이승훈 베드로

그 무렵인 1783년 조정에서 베이징으로 동지사를 보내게 됩니다. 이때 서장관으로 간 이가 이동욱인데 바로 이승훈, 이치훈 형제의 아버지입니다.

광암이 이승훈을 불러 동지사로 떠나는 아버지를 수행해서 베이징에 가서 서양신부들을 만나 천주교 서적을 좀 구해오라고 부탁합니다. 이승훈은 이때만 해도 천주교에는 관심이 없었습니다. 다만 유명한 광암이 간곡히 부탁하니까 들어드려야겠다 생각하는 정도였습니다.

그런데 이분이 베이징 남당에 가서 그라몽 신부를 만납니다.

서로 말이 통하지 않아 필담으로 주고받지만 두 사람 간에 대화가 잘됩니다.

나중에 이승훈이 세례를 받으니 그라몽 신부가 친구 신부에게 편지를 써서 이렇게 말합니다.

"조선의 선비가 천재다. 가르쳐주는 바를 다 알아듣고 또 핵심을 질문해온다. 나는 한국교회의 머릿돌이 되라는 의미에서 그에게 베드로라는 세례명을 주었다."

이제 말씀드리는 건 정사에 기록된 건 아닙니다. 야사지요.

이승훈이 베이징에 머물면서 그라몽 신부와 필담으로 의견을 나누다 보니 세월이 흘러 부연사행이 돌아갈 시간이 됐습니다. 돌아갈 날을 일주일 남겨놓고 이승훈이 그라몽 신부에게 말합니다.

"내가 그동안 천주교 교리를 들었는데 너무나 좋소. 내가 천주교 신자로 살 테니 세례를 받게 해주시오."

그라몽 신부가 난감하지요. 왜냐, 예비신자 교리를 몇 달 합니까. 6개월 아닙니까. 그러니 한 달 만에 줄 수 있습니까. 그런데 영세달라는 사람한테 안 준다 그럴 수도 없죠.

그래서 그라몽 신부가 두 가지 조건을 제시합니다. 첫째가 천주교 신자는 끊임없이 복음을 전해야 한다. 그러지 못하면 천주교 신자 자격이 없다. 그리고 전했으면 적어도 1년에 한 번은 그 전한 상황을 분명히 적어서 베이징에 보고해야 한다. 당신 혼자서 당신네 나라에 복음을 전할 수 있겠는가. 또 혼자서 복음을 전했다고 자기만족에 빠지지 않고 베이징에 보고를 할 수 있겠는가 하는 조건을 내겁니다.

그러니까 이승훈이 그 자리에서 "할 수 있습니다." 합니다. 이거 쉬운 대답이 아닙니다. 나중에 아시겠지만 한국천주교회가 베이징에 소식을 전하려고 편지를 적어 사람 편에 보냈는데 그 사람이 북만주 벌판에서 얼어죽고 굶어죽는 일이 생깁니다. 편지 전하는 게 여간 어려운 일이 아닙니다. 서울에서 베이징까지 걸어가는데, 그것도 혼자는 못 가고 반드시 부연사행을 따라가야 되니까.

그런데 그런 어려움을 무릅쓰겠다는 겁니다. 그러니까 이승훈이 대단한 열의를 가졌던 게 틀림없죠.

천주교 신자가 된다는 것은 세례성사를 받고 자기 혼자 구원받는 것이 아닙니다. 구원을 받고 세례를 받고 이제부터 거룩하게 살아야 되는데 더러운 것들하고 어떻게 상종하겠느냐면서 혼자 미사에 열심히 다니는 사람들이 있습니다. 레지오 나가는 게 오히려 신앙생활에 방해된다면서 안 나가는 사람도 있습니다. 그러면서 자기 혼자 거룩하게 살아요.

그런 사람은 천당에 못 갑니다. 천당은 그런 사람이 가는 곳이 아니거든요. 만약 천당에 그런 사람만 모여있으면 아무 재미없습니다. 아무 재미없는데 누가 가겠어요. 그게 아닌데. 어쨌든 그 옛날에 분명히 얘기합니다. 이건 불가능하지 않겠느냐, 그러나 이걸 해야 한다.

둘째로 내건 조건은 가정에 관한 겁니다. 천주교는 일부일처제입니다. 그런데 그 당시 우리나라 양반들은 소실을 몇 사람이라도 둘 수 있었습니다. 그라몽 신부가 그걸 얘기합니다.

"당신네 나라에서는 소실을 두는 게 당연하고 자랑이지만 천주교는 일부일처제다."

이승훈이 처음에는 대단히 난감해합니다. 이미 있는 소실에게 "나는 오늘부터 천주교 신자니까 당신 집으로 가쇼. 오늘부터 그만이오." 그럴 수 있느냐 이 말이에요. 그런데 이승훈은 그것도 정리하겠다고 약속합니다. 얼마나 놀랍습니까. 그러고 세례를 받거든요.

이승훈이 과연 그 말을 지켰는가 하는 문제가 남습니다. 그런데 약속한 것은 꼭 지키던 우리나라 선비들의 정신을 생각해보면 지킨 걸로 확신할 수 있습니다.

이승훈이 한국에 천주교를 전파한 내용을 매년 보고했다는 증거가 어디 나오느냐 하면 1789년에 이승훈이 한국의 천주교 교세를 보고한 편지가 베이징에서 발견됐습니다.

그걸로 보아 이승훈은 매년 보고한 것이 틀림없고, 이승훈이 복음을 전한 상황을 매년 보고하겠다는 약속은 지키면서 다른 하나는 안 지켰을 거라고 보기 어려우니까 그 약속도 지켰으리라고 믿는 거지요.

이승훈은 그렇게 해서 세례를 받고 베드로라는 세례명을 얻습니다. 그리고 교리책을 많이 얻어가지고 기쁨에 차 돌아옵니다.

한민족의 세례자 요한
광암 이벽

한편 광암은 이승훈을 베이징에 보내놓고 기다립니다. 그가 얻어올 책을 읽으려고. 그때 나이 불과 서른밖에 안된 광암이지만 그 진지성은 말로 다 할 수 없습니다.

드디어 이승훈이 돌아왔습니다. 이승훈은 갈 때는 천주교에 대해서 별 관심이 없던 자기가 세례까지 받았으니 무척 기뻤지요. 그래서 광암에게 자랑을 합니다. "내가 세례를 받았다." 고 말입니다.

그렇지만 광암은 세례성사가 뭔지 아직 모를 때거든요. 그러니까 같이 기뻐하지도 않습니다. 이승훈이 머쓱했겠지요. 자기는 무척 기쁜데 그저 덤덤하게 책만 내놓으라고 하니 말입니다.

어쨌거나 광암은 그 책들을 받아서는 미리 얻어둔 외딴 집에 들어가서 수개월 동안 두문불출합니다. 몇 달이 지난 뒤에 책을 다 읽은 광암이 외딴 집에서 나옵니다.

그때 이승훈과 다산 정약용 두 분을 만납니다. 그 자리에서 광암 이벽이 처음 한 말이 이겁니다.

"이것은 진리입니다. 이것은 하느님께서 우리 민족을 불쌍히 여겨서 구원의 은총을 내려주시고자 함입니다. 우리는 이 진리를, 이 복음을 전해야 합니다. 아무도 이 소명을 외면할 수 없습니다."

기막힌 신앙고백이지요. 요즘 우리나라 천주교 신자 중에 이만한 신앙고백하는 사람이 있겠어요?

그리고 그는 스스로 세례명을 정합니다.

"나는 구세주가 우리 민족에 오시는 길을 닦겠습니다."

그게 누굽니까. 그래서 세례명을 세례자 요한이라고 합니다. 요즘이야 예비신자 교리 실컷 하고 난 다음에 세례명 정하라면 "너무 흔한 것 말고 부르기 좋은 걸로 해달라."고 하지요. 광암의 마음과 얼마나 다릅니까.

그는 이렇게 분명한 의식을 갖고 세례자 요한처럼 살다 갑니다. 민족 복음의 선구자가 됩니다.

이 무렵 일인데 광암이 다산과 함께 한강을 건너는 배를 탔습니다. 배에는 마을사람도 몇 명 있습니다. 그 두 사람은 하느님에 관한 얘기, 십자가 구원의 얘기, 인간은 영혼이 있어 불사불멸하고 마침내 죽으니 하느님 나라로 간다는 얘기를 합니다. 한강을 건너는 동안이니 긴 시간이 아니죠.

그런데 배에 탔던 사람들이 "일찍이 들어보지 못한 황홀한 이야기를 들었다."고 말합니다. 그러니까 "놀랍고 새로운 얘기를 들었다." 어디서 많이 들어본 반응 아닙니까?

맞습니다. 예수 그리스도가 팔레스타인에서 강론하셨을 때 사람들의 반응이 그거였습니다. '놀랍고 새로운 가르침' 그래서 달레 신부는 이걸 초대교회와 연결시켜서 광암의 '선상강화 船上講話'라고 합니다.

유학과 서학의 대 토론
유학의 대가 이가환의 승복

이승훈과 광암은 신앙실천운동을 활발하게 전개합니다. 그걸 본 유림이 크게 걱정하죠. 젊은 선비들이 전통적인 유교행실을 따르지 않고 서학이라는 이상한 것을 들여와서는 그저 공부만 하는 줄 알았더니 실천까지 한다니 큰 걱정입니다.

당대 유림에 이가환이 있습니다. 이가환이 광암을 설득하리라 마음먹습니다. 그 얘기를 듣고 광암도 대 유학자인 이가환을 만나기로 합니다.

이가환은 우리 전통철학을 대표하는 대가입니다. 그런 그가 계시 진리를 대표하는 광암을 만나는 것은 우리 전통문화와 계시 진리가 처음으로 만나 논쟁하는 것이고, 그 결과는 한국 교회의 미래를 예측하게 하는 것 아닙니까. 얼마나 멋진 얘기입니까.

이 두 분이 토론할 날짜가 정해졌습니다. 그때 서학에 관한 책을 한두 권 읽지 않은 사람이 없으니 이름있는 선비는 모두 참석했습니다. 서학에 관심있는 선비들이 구름처럼 모인 자리에 두 대가가 마주앉아 3일 밤 3일 낮을 토론합니다.

대단하죠. 광암은 그때 나이 서른밖에 안된 소장이고 이가환은 당대를 대표하는 나이든 선비입니다. 그들은 토론하지 않은 문제가 없었습니다. 제한 없이 모든 문제에 대해 토론했다는 겁니다.

참 대단한 일이었는데 2백 년 박해 속에 그 내용을 적은 기록이 다 타버렸습니다. 다만 다산 정약용 묘비에 이 토론에 관한 내용이 남아있습니다. 그걸 보면 다산도 이 토론에 참석했던 것 같습니다.

정흔 묘비명에 이렇게 전해지고 있습니다. "시간이 흐를수록 가환의 논지는 먼지처럼 흩어졌고 광암의 논증은 태양같이 빛나고 바람처럼 몰아치며 환도처럼 끊어냈다."

　3일째 되는 날 저녁에 이가환이 광암 앞에서 자네 말이 옳다고 승복합니다. 양심적이죠. 요즘 사람들은 이렇게 잘 안하죠. 어른 체면에 그게 됩니까. 그때 이가환이 한 말이 명언입니다.

　"자네 말이 옳으네. 그렇지만 그 도리를 따르는 사람들에게 불행을 갖다줄 것이다. 어떻게 하겠는가."

　그의 이 말은 결국 백 년 동안 계속된 박해를 예언한 것 같습니다.

　광암은 대단히 기분이 좋았습니다. 광암의 논리를 인정했으니 이제 이가환이 천주교 신자가 될 거 아닙니까. 그런데 그러지 않거든요. 천주교 신자가 안되는 겁니다. 하기야 훨씬 뒤에 천주교에 들어오지만 그냥 연구만 하고 공부만 하지 믿지는 않습니다.

　광암은 그것을 매우 섭섭해합니다. 사흘 밤낮을 토론해서 천주교 논리가 옳다고 했으면 믿어야지 왜 안 믿느냐는 거지요. 여기에서 광암은 중요한 것을 터득합니다.

　그게 뭐냐면, '아, 천주교 교리가 옳다고 인정한다고 신자가 되는 건 아니다. 그 교리대로 살아야 신자다.' 하는 겁니다. 그것을 깨달았습니다.

그 뒤 유학자인 이기양과 한차례 토론을 더했지만 광암은 부질없는 토론보다는 훌륭하게 사는 걸로 천주교를 전파하기로 마음먹습니다.

이건 무척 중요합니다. 요즘에도 해당되는 이야기입니다. 가령 레지오 활동하러 가서 어떤 사람과 토론합니다. 그래서 이깁니다. 그런데 토론에 진 그 사람은 다음부터 성당에 못 나옵니다. 그러면 뭐 합니까.

제일 좋은 건 토론에 지고도 성당에 나오게 하는 거지만 그게 잘 안되거든요. 차라리 레지오 단원이 토론에 지고 그 사람이 성당에 나오는 게 낫지요.

그렇지만 존경받는 사람이 천주교 신앙을 갖고 사는 것을 보여주면 사람들이 따라온다 이거죠.

한국교회의 출발

명례방 집회와 을사추조 적발

그때 광암 눈에 띈 사람이 바로 권일신, 권철신 형제입니다. 이들은 양근고을 사람인데 그들의 집이 바로 서울을 오가는 삼남지방 선비들이 묵어가던 곳이었습니다. 전라도 지방에 천주교를 전한 유항검이나 서울에 선교하던 김종교, 역관 김범우도 이들의 영향을 받습니다.

이승훈과 광암, 권일신, 정약종 등이 모여서 기도하고 교리 연구하고 선교한 이때를 한국교회의 출발로 봅니다. 처음에는 광암의 집에서 했지만 여러 가지 불편한 점이 많아 명례방에 있는 역관 김범우의 집에 모입니다.

그걸 1784년 늦어도 음력 10월께로 봅니다. 이 명례방 집회가 한국교회의 시작입니다. 한국교회 역사가 시작된 명례방 김범우의 집을 우리는 잊을 수 없죠.

백 년이 지난 뒤에 블랑 주교가 김범우의 집터를 사자고 했습니다. 명례방 근처 어디에 있을 집터를 사려고 보니까 마침 윤임의 후손이 사는 집이 있는 겁니다.

여기가 우리 교회의 성지라고 설득해서 그 집을 사 기념성당을 지었는데 그게 명동성당입니다. 명동성당은 역사적으로 한국교회 창립기념성당이라는 의미도 있습니다.

한국교회가 이렇게 시작된 것이 어떤 의미를 지니는가를 봅시다. 어느 곳에 종교가 전해지려면 반드시 선교사가 가야합니다. 우리나라에 불교를 전한 사람은 전진의 순도 스님이고 일본에 천주교를 전한 사람은 프란치스코 하비에르 신부입니다. 중국에는 마테오 리치 신부가 전했지요.

그런데 한국천주교는 단 한 분의 선교사도 없이 스스로 공부하고 스스로 베이징에 가서 세례를 받아온 겁니다. 세계교회사상 그 유례가 없는 일입니다. 한국천주교회는 이렇게 평신도에 의해 시작됩니다. 그래서 한국교회를 '평신도의 교회'라고 하는 겁니다.

이런 특성 때문에 다른 교회사에 없는 독특한 사례가 나옵니다. 예컨대 홍유한이나 허균 같은, 세례를 받지도 않고 신앙실천운동을 한 사람이 나오고 사제는 단 한 사람도 들어오지 않은 상태에서 자기들이 공부한 신앙을 지키기 위해 목숨 바치는 사람이 나온 겁니다.

역사란 하나의 사실을 있는 그대로 정리해야 하지만 사관에 따라서 그것을 요약하고 그 속에서 의미를 알아봐야 합니다. 그러니까 평화가 절실히 요청될 때는 역사 속에서 평화를 누리던 때를 봐야 하고, 전쟁의 시기에는 전쟁을 하게 되는 까닭을 역사 속에서 보는 겁니다.

한 교회가 시작됐다고 할 수 있으려면 교리가 있고, 교단이 형성되고, 신자가 있어야 합니다. 이 세 가지 조건으로 보면 한국천주교회의 성립이 완전한 때는 주문모 신부가 들어온 이후가 가장 정확합니다. 주문모 신부가 1794년에 들어왔으니까 그때로 봐야 된다 이거죠.

그런데 우리가 이걸 앞당겨서 한국교회의 시작을 1784년으로 보는 거죠. 어떻게 그렇게 볼 수 있느냐? 평신도에 의한 임시성사집행이 있죠. 그게 고의로 만든 가짜가 아니라면 세 가지 조건이 형성됐잖아요. 그러니 출발을 1784년으로 봐도 무리가 없다 이런 겁니다.

그러나 이것이 절대로 맞다는 건 아닙니다. 이런 식으로 보면 한국천주교회 시작을 임진왜란 때로 올라가 볼 수도 있고, 아니면 〈홍길동전〉의 저자인 허균이나 홍유한이 신앙생활 실천운동을 한 때로 볼 수도 있고, 더 내려온다면 강학회 때부터로 볼 수도 있고, 몇 가지 기점이 있습니다.

그러나 현재 한국교회와 교황청에서는 1784년을 공식적으로 인정하고 있습니다.

명례방 모임은 그 이듬해 1785년에 바로 적발됩니다. 이를 을사추조 적발사건이라 합니다. 사람들이 모여서 뭘 하다가는 헤어지고 또 모이고 이러니까 순라꾼이 투전하는 줄 알았다 이겁니다. 그 자리를 포졸들이 덮쳤습니다.

그런데 잡고 보니 권철신, 권일신, 정약종, 이승훈, 이벽 등 당대의 명문가 학자들이거든요. 조선시대에는 형조라도 양반은 못 다스렸기 때문에 이분들은 손을 못 대고 내보내죠.

그리고 양반 아닌 중인이던 김범우만 귀양을 보내는데 김범우는 문초를 당해 상처가 난 채로 가는 길목마다 천주교 교리를 가르칩니다. 발길 닿는 곳마다 복음을 전하고는 귀양처에서 돌아가십니다. 첫 순교자가 되는 거지요.

한편 광암을 설득하다 못한 아버지 이부만은 "너 같은 자식을 둔 내가 부끄럽다. 차라리 죽겠다."면서 목을 맵니다. 아버지가 죽어가는 것을 보고 아들이 어떻게 합니까. 그래서 아버지를 붙잡고 두 가지 뜻이 있는 말을 해서 위기를 모면합니다.

그게 어떤 말인지 지금은 알 수 없지만 달레 신부는 교회사에 광암을 부정적으로 표현했습니다. 용감하게, 깨끗하게 하지 않고 모호한 말을 했다는 겁니다. 어쨌거나 광암은 이 사건 이후 집안에 갇힙니다.

광암의 첫 번째 신앙고백 들어봤죠? "이것은 구원의 진리다. 소명을 외면할 수 없다."였습니다. 그런데 그런 사명감과 열의를 가진 사람이 밖에 나가 천주교를 전하지 못하니 그 울분을 못 이겨서 열병을 얻습니다. 그리고 서른세 살 젊은 나이에 돌아가십니다.

그러면 광암의 죽음을 순교로 볼 것인가 하는 문제가 나올 수 있습니다. 우리 사가들은 순교로 보려고 합니다. 효도에 대한 조선예법을 모르던 달레 신부는 부정적으로 봤지만 우리는 사도적 열의에 차 서른세 살에 요절한 한국교회 창설 공로자를 위대하게 본다 이 말입니다.

이승훈의 집안도 이승훈에게 당장 천주교를 버리라고 합니다. 그는 식구들 앞에서 과거시험 준비를 하겠다고 하고는 시험공부는 하지 않고 천주교 교리를 계속 연구하고 신자들을 살살 만납니다. 이걸 알아챈 집안에서 난리가 납니다. 소위 정미반회사丁未泮會事입니다.

어쨌든 그 뒤 이승훈은 과거를 보고 평택현감이 됩니다. 그렇지만 1801년 박해 때 천주교를 우리나라에 들여온 사람이라는 이유로 처형당합니다.

이승훈은 과거에 합격해서 평택현감이 되고 천주교 신앙을 포기한다고도 했습니다. 그렇지만 한국인 첫 세례자로 무척 중요한 사람입니다. 그런 이승훈의 무덤이 인천에 버려진 듯이 있었습니다. 그러던 것을 한국선교 2백 주년에 천진암으로 이장해 모셨습니다.

여기서 잠깐 비공식적인 표현이긴 하지만 순교의 세 형태를 봅시다. 순교에는 백색순교, 녹색순교, 적색순교가 있다고 합니다.

백색순교는 바로 성직자, 수도자들이 하느님을 따르면서 정결하게 사는 걸 말합니다. 그에 비해 평신도가 하느님을 따르는 생활을 하는 것, 그렇지만 그 삶은 순결한 삶과는 구별하여

녹색순교라고 말하는 겁니다. 적색순교는 여러분이 아시는 대로 신앙을 지키며 목숨마저 바치는 것을 의미하지요.

그러나 교회에서 인정하는 용어는 '순교'뿐입니다.

평신도들의 성사집행
권일신 이승훈 이존창 유항검

 한 분의 신부도 없이 첫 순교자를 낸 한국교회는 드디어 위기에 봉착합니다. 다른 게 아니라 1785년의 을사추조 적발사건으로 천주교의 유력한 선비들이 각자 가정에서 탄압을 받게 되는데 나라가 나서기 전에 집안이 들고 일어난 겁니다. 그러니 교회가 말라 비틀어질 판입니다.

 그래서 초기 교회건설 공로자인 권일신이 이승훈을 불러 의논을 합니다. "이대로 가다가는 서학이 결딴나겠다. 이러다가는 정말 망하겠다. 도대체 베이징에서는 어떻게 하더냐?"

고 물었더니 이승훈이 "베이징에는 주교가 있고 신부가 있어서 미사를 봉헌하고 성사를 집행합디다." 하거든요. 그렇다면 우리도 미사를 봉헌하고 성사를 집행할 수 없겠느냐고 하니까 이승훈이 내가 한 달 동안 봤는데 못할 것도 없다 이거죠.

그래서 권일신, 이승훈, 이존창, 유항검 등 십여 명이 스스로 신부가 됩니다. 고해성사도 주고 견진성사도 줬어요.

초대교회 사람들은 미사를 집행하는 예절이 무척 엄숙했습니다. 십여 분이 사제 대신 차례로 미사를 봉헌합니다. 자기순서가 되면 3일 전에 집에서 나와 엄격하게 계를 지키며 지냅니다. 그래서 자기순서가 되면 한국식으로 만든 제례복을 입고 미사를 지냈습니다.

김대건 신부의 할머니가 유항검이 집전하는 미사에 참석해서 받은 감동을 적은 일기 한 토막이 남아있어서 그 무렵 미사에 참여한 사람들의 감격과 열의를 엿볼 수 있습니다.

이 일을 교회사에서는 '가성사집행'이라고 그럽니다. 최근에 젊은 역사학자들이 이것을 평신도들에 의한 '임시성사집행'이라고 부르자고 합니다. 비록 교리에 어긋나긴 했지만 이 사람들이 순수한 열의에서 한 건데 그걸 완전히 가짜 취급을 하면 곤란하지 않냐는 거지요.

그러던 어느 날, 미사를 집전하려면 신부라야 되고 신부는 결혼을 하지 않고, 또 신품성사를 받아야 된다는 대목을 유항검이 다른 교리책에서 읽습니다. 이걸 읽고 그렇다면 우리는 결혼도 했고, 신품성사를 받은 적도 없으니 우리가 하는 게 틀릴지도 모르겠다고 이의를 제기합니다.

그래서 초대교회 지도자들은 베이징에 있던 구베아 주교에게 물어보기로 합니다. 이 편지를 초대교회 신자인 윤유일과 박요한, 또 지황사바 등이 두 차례에 걸쳐 베이징으로 갖고 갑니다.

그들은 돌아올 때 성석과 성작, 제병, 제주, 성합 등 미사를 봉헌할 때 필요한 도구들을 가져옵니다. 특히 포도주 제조법을 배워옵니다. 재미있는 것은 베이징교회 미사에 참여한 지황사바의 전례 참여 자세가 너무나 아름답고 열성적이어서 냉담교우가 회두할 정도였답니다.

다시 본론으로 돌아가서 그 편지에서 두 가지를 물어봅니다. 첫째는 평신도들이 임시성사를 집행하는 것이 옳으냐 잘못이냐. 둘째는 제사에 관한 겁니다. 이건 큰 문제입니다. 당시에는 제사를 안 지내면 사람 대접을 못 받았거든요.

이 편지는 우리나라 교회가 자치적으로 설립된 후 세계교회인 중국교회에 보낸 첫 번째 통신문입니다. 대단히 의미가 큰 글이죠.

구베아 주교는 이 편지를 받고 놀라기도 하지만 당황합니다. 선교사가 한 사람도 없는데 신앙실천운동을 하고 있으니 얼마나 놀랍습니까. 거기다가 김범우 같은 사람은 이미 순교까지 했으니 이건 하느님의 뜨거운 은총이다 이겁니다.

그런데 한편으로 평신도들이 성사집행을 한다니 큰일입니다. 구베아 주교가 이때 참 차가운 명령을 합니다. 아무리 평신도의 미사집행이 잘못이라지만 순교자까지 나오는 상황인데 좀 따뜻하게 "그것은 잘못이니 하지 말아라." 그러면 될 텐데 그러지 않고 거룩한 것을 모독했으니 벌 받을 준비를 하고 기다리라고 합니다. 얼마나 기분이 나쁘겠습니까? 그래도 교회를 이끌고 있는 사람들인데 벌 받을 준비를 하고 기다리라니 말이에요.

그런데 한국초대교회 신자들은 참 훌륭합니다. 그 말을 듣고 즉시 평교우로 돌아가서 기도합니다. 참 놀랍죠.

게다가 더 큰일이 제사를 지내지 말라는 겁니다. 윤유일이 깜짝 놀라 묻습니다.

"제사는 효도인데 다른 방도가 없을까요?"

주교님 대답은 간단합니다.

"하느님을 따르려거든 지켜라."

교회를 떠난 양반들

이 편지를 받고 한국교회가 난감하고 기가 막힙니다. 그래서 어떤 현상이 일어나느냐?

첫째, 양반들이 전부 교회를 떠납니다. 그 사람들은 신앙인이 아니라 문화의 선각자들이었습니다. 선각자로서 서학이라는 새로운 문화를 받아들이고 공부하려 했는데 제사를 지내지 말라니 그러면서까지 서학을 할 수 없다는 겁니다. 그래서 다 떠납니다.

그러면서 교회는 매우 삭막해집니다. 지도자도 없고, 선비도 없고, 정미반회사까지 하며 열성을 보이던 이승훈조차 이 편지를 보고 집으로 들어가 나중에 과거를 보고 평택현감으로 갑니다. 완전히 교회를 떠난 거지요. 심지어 잡혀갔던 천주교 신자들도 신앙을 버립니다. 대부분의 한국교회 창설 공로자들이 배교하고 나와버리죠.

둘째, 신부 없이는 성사를 집행할 수 없다는 걸 알고 성사집행을 중지했습니다. 그러니 교인들이 얼마나 섭섭합니까. 그래서 신부를 모셔오는 운동을 전개합니다.

셋째, 제사를 금하는 것 때문에 한국교회가 향후 백 년 동안 박해를 받을 빌미를 제공합니다. 교회에 가고 싶어도 제사 때문에 망설이는 사람이 요즘도 있는데 당시에는 더했지요. 그래서 계시 진리인 구원의 진리와 현실 속의 민간양식인 제사 문제로 심각한 논쟁을 벌입니다.

그 후 교회에는 진짜 신앙인, 중인계급이 남아서 교회를 유지합니다. 중인인 김범우가 이미 순교하지 않았습니까? 양반들이 만든 교회에서 서민이 먼저 순교했다는 사실에서 우리는 한국교회가 어떤 방향으로 갈는지 짐작할 수 있습니다.

양반들은 대부분 떠났고 남아있다 하더라도 신분을 버려서 서민이 됩니다. 그래서 서민 중심으로 한국교회가 기반을 다지게 됩니다.

이건 교회 중심세력이 서민교회로 연결된다는 의미입니다. 그 서민교회로 시작된 한국교회는 두 가지 큰 흐름을 가집니다. 하나는 사제를 영입하고 교회를 중흥시키는 작업이고 또 하나는 전통적 가치관과 가톨릭교회의 가르침이 충돌해 박해의 역사가 시작되는 겁니다. 즉 사제영입운동과 박해, 이 두 가지가 동시에 전개되죠.

우리가 제일 먼저 풀어야 할 것은 왜, 무엇 때문에, 어떤 논리로 박해가 시작되고 전개됐을까, 사람들은 왜 박해를 당하면서도 신앙을 못 버렸을까 하는 겁니다.

제사 논쟁
군수 신사원과 윤지충

이렇게 국내 천주교 사정이 대단히 황망하던 1791년에 전라남도 해남 진산에서 조그만 사건이 하나 생깁니다.

윤지충이라는 사람이 김범우에게서 교리서를 구해 읽고는 고향인 진산에 돌아와서 위패를 불사르고 제사를 폐지했습니다. 위패를 불사르고 제사를 그만두긴 했지만 자기 집안에서 하고 있으니까 아무도 몰랐습니다.

다른 양반들은 '제사 지내지 마라.' 그런다고 천주교를 버리고 나가던 무렵인데 윤지충은 거꾸로 위패를 불사르고 제사를 폐했다 그 말입니다.

그냥 그러고 있었으면 아무도 몰랐을 텐데 1791년에 그 어머니가 돌아가십니다. 윤지충이 상주가 된 거지요. 그러니 어머니 위패를 모시지 않고 제사를 지내지 않는다는 게 들통이 납니다. 이게 빌미가 되어서 비난을 받다가 결국 순교한 사건이 진산사건입니다.

그때 진산 군수가 신사원이라는 사람인데 윤지충과 논쟁을 벌입니다.
"천주교도는 부모에게 효도하지 않는가?"
"천주교에 십계명이 있는데 그중 넷째가 '부모를 공경하라.'다. 나는 예법대로 했다."
"제사를 안 지내는 게 예법대로 하는 거냐?"
"공자는 '사사여생事死如生 죽은 사람을 산 사람처럼 대하라하라.' 그랬다. 제사는 사사여생에 어긋난다. 어느 자식이 주무시는 부모에게 음식을 드리느냐?"

윤지충이 그때 옥중에서 제사문제에 관해 자기 생각을 쓴 것이 달레 신부의 교회사에 나옵니다. 그 내용은 이렇습니다.
"첫째, 나는 위패를 모시지 않았다. 신체발부身體髮膚는 수지부모受之父母니 내 몸과 머리털, 뼈, 피와 살은 부모로부터 받았다. 나에게 피와 살과 뼈를 물려주신 부모를 대신할 것은 아무것도 없다. 더구나 누가 만들었는지도 모를 나무토막을 아버지나 어머니로 모실 수는 없다.

둘째, 부모를 공경함에 허식이 있어서는 안된다. 부모님 살아계실 때 효성을 다했고, 예를 다했고 돌아가신 후에는 영적으로 모시는 데 한치의 어긋남이 없었다. 살아계실 때도 잠드신 다음에는 음식을 드리지 않았는데 하물며 영원히 잠드신 후에 음식을 드리는 헛된 짓을 할 까닭이 있는가?

셋째, 지금 양반만 제사를 지내지 상민은 제사를 지내지 않는다. 상민이 제사지내지 않는다고 벌 받는 법은 없다. 그러니 내가 법을 어겼다면 양반의 법을 어겼을 뿐이다. 내 비록 제사를 지내지 않아서 선비와 양반들에게 죄를 얻을지언정 하느님의 법은 어기지 않고자 함이었다. 이게 내가 하느님을 공경하는 뜻이다."

이토록 분명한 신앙을 보여준 윤지충의 죽음은 천주교를 배반한 선비들에게 경종을 울렸고, 한국천주교 신앙을 지키는 뼈대가 됐습니다.

윤지충과 그의 조카 권상연 두 분이 사형을 당할 때 이상한 일이 있었다는 기록이 있습니다. 두 분의 피는 엉기지 않았을 뿐 아니라 치유의 기적을 보였습니다. 그걸 보고 통회하는 교우, 입교하는 교우가 생겼습니다. 이렇게 그분들의 죽음은 많은 사람이 천주교를 더 깊이 믿게 하는 계기가 됩니다.

서구문화와 조선 전통문화의 충돌

제사문제로 생긴 진산사건은 서구문화와 한국의 전통문화가 정면으로, 가장 상징적으로 충돌한 것입니다. 천주교가 한국에 하나의 사회적 종교로 굳건히 자리잡을 때까지 이 충돌과 갈등은 계속됩니다. 그러니까 백 년 동안 박해가 계속될 수밖에 없었던 가장 큰 요인이 제사입니다.

천주교와 제사를 한번 생각해봅시다. 옛날에는 천주교에서 "제사 지내지 마라." 그래서 많은 천주교 신자들이 제사를 폐지하는 바람에 박해를 받아 순교하거나 아니면 제사를 폐할 수 없어서 천주교를 떠나지 않았습니까?

그런데 요즘은 제사 지내도 됩니다. 그러면 제사를 안 지낼 수 없어서 교회를 떠났거나 제사를 안 지낸다는 이유로 박해를 받아 순교한 사람들은 교회가 잘못 가르쳤기 때문입니까?

중국과 한국에서는 공자를 숭배하고 조상에게 제사를 지냅니다. 예수회의 마테오 리치 신부는 이런 유교예식을 존중했어요. 민간의식으로 봤다 이겁니다. 남의 나라에 가서 어떤 의식이 내 맘에 안 든다고 죄라고 할 수는 없습니다.

예컨대 우리나라 사람은 어른을 만나면 허리를 굽히죠. 몽골에서는 혀를 쑥 냅니다. 또 우리는 어린이가 귀엽다고 머리를 쓰다듬어줍니다. 그런데 태국에서 그랬다가는 몰매 맞습니다.

이렇게 어느 사회나 문화에 따라 다른 게 민간의식이니 문제 삼을 것 없다고 생각한 마테오 리치 신부는 유교사상에 기반한 전통이 있는 중국에 그리스도교의 계시 진리를 별 문제없이 전교했습니다.

그런데 그 후 예수회에 이어서 프란치스코회와 파리외방전교회가 들어왔습니다. 그들은 중국풍속에 미신적 요소가 있다는 걸 발견하고, 이건 단순한 민간의식이 아니라 그 사고방식 속에 미신적인 요소가 있으니 금해야 한다고 교황청에 보고했습니다. 교황은 그걸 보고 "미신적 요소가 있다면 엄격히 금하라." 그랬습니다. 그러니까 제사 금지령이 아니라 미신적 요소에 대해서 금지령을 내렸습니다. 이게 2백 년 동양포교에 큰 걸림돌이 됐죠.

그러면 언제부터 제사를 지내도 된다고 생각하게 됐느냐. 그 계기는 2백 년이 지나 1932년 12월 8일자로 발표된 교황청 교서입니다. 2백 년 전에는 안된다고 하던 것을 2백 년 후에는 된다고 한 이유는 제사에 대한 교회의 입장이 바뀐 것이 아니라 제사 예절에 대한 민간의식이 바뀌었기 때문입니다.

우리 조상제사에 비추어 생각해봅시다. 우리 선조들이 지내는 제사양식 속에는 몇 가지 문제가 되는 것이 있습니다.
첫째, 지방을 쓰지요. 지방이라는 건 그 제사를 받을 사람을 나타내는 겁니다. 할아버지냐 아버지냐 엄마냐 이 말이죠.
예를 들어서 아버지는 '현고학생부군'이라고 쓰고 '신위'라고 합니다. 그러니까 이것은 아버지가 이 세상을 떠나서 저승에 귀신이 돼있다는 뜻입니다. 이는 이승의 것이 저승에 가 신령이 되어있다는 샤머니즘적 사고입니다. 돌아가신 아버지는 돌아가신 아버지일 뿐이지 저승의 귀신은 아닙니다.

둘째, 제사 지낼 때 문을 열어놓는 풍습입니다. 그리고 마당에 있는 줄을 죄다 걷어 없앱니다. 아버지 귀신이 밤에 오는데 문이 닫혀있으면 담을 넘어야 하고 마당에 줄이 있으면 목에 걸리니까 그걸 미리 치워두는 겁니다. 청소를 하는 거라 생각하면 나쁠 것도 없지만 그 내용에 샤머니즘적 요소가 있는 게 문제지요.

셋째, 제사는 자시 즈음에 시작해서 첫닭이 울기 전에 끝내야 합니다. 그건 첫닭이 울면 귀신이 못 돌아가기 때문이라는 건데 이것도 샤머니즘적 요소라고 봅니다.

그밖에 내 아버지를 위해 음식을 차렸는데 다른 귀신이 와서 먹으면 안되니 어느 시간이 되면 열어놨던 문을 닫습니다. 또 '술시'라고 수저를 똑똑 상에 세 번 쳐서 옮겨놓습니다. 이건 다른 귀신은 오지 말고 아버지 귀신만 오라는 겁니다. 상당히 샤머니즘적입니다.

듣고 보니 어떤 부분에는 샤머니즘적 요소가 있고 어떤 부분에는 없지요. 그렇지만 시대가 지난 지금은 그 모든 예식을 부모에 대한 효심으로 하는 거지 미신 때문에 그렇게 하는 게 아니라는 겁니다. 제사에 대한 샤머니즘적 요소는 의식하지도 않습니다. 즉 민간의식이 바뀐 거지요.

'술시'니 '합문'이니 하는 것도 부모에 대한 효심으로 정성을 다하고 있는 걸 "그거 미신이니까 하지 마라." 그럴 필요가 없는 겁니다. 남의 제사에 감 놔라 배 놔라 하고 떠들 필요가 없는 거나 마찬가지입니다.

제사에 관해서는 천주교 신자가 비신자보다 더 많이 알아야 합니다. 왜냐하면 제사보다 백 배 천 배 중요한 미사를 아는 사람들이니 그 졸개 중에 졸개인 제사는 더 환하게 알아야 하는 겁니다. 우리는 미사를 드리기 때문에 제사는 모른다고 말하면 안됩니다. 그래가지고는 전교하기 어려워요. 제사 환하게 아는 것은 쉽습니다. 미사가 어렵지.

최기복 신부가 1989년 썼던 '유교와 서학의 사상적 갈등과 상화相和적 이해에 관한 연구'라는 박사논문을 보면 민족고유 전통예식으로서의 제사문제와 하느님을 공경하는 최대 제사로서의 미사에 관하여 소상하게 나와있습니다.

그걸 보고 성균관에 있는 유림들이 도대체 이 양반 연세가 얼마나 되시기에 유교적 전통제사에 관해 우리보다 많이 아느냐고, 칠십 노인인 줄 알고 만나보니 사십이 겨우 넘은 신부거든요. 당신 이런 한문도 다 아느냐고 깜짝 놀랐다는데, 그거 참 좋은 일이죠.

최 신부는 제사예절을 유교의 원칙대로 다 밝혔습니다. 그에 따르면 우리가 미사 때 현존하는 그리스도를 체험하는 게 옳죠. 그렇다면 제사 때 간절한 정성으로 돌아가신 부모님이 이 자리에 계신다고 느끼는 게 죄가 되느냐 이 말이죠. 아니잖아요. 그건 오히려 간절한 정성이잖아요.

그러나 우리가 걱정하는 것은 조상과 부모님이 돌아가신 뒤 귀신이 되어서 와계신다고 믿는다는 점입니다. 우리 신앙과 그런 부분이 정말 아찔하고 중요한 차이입니다.

그러니까 제사 때 부모님을 그리워하는 마음으로 부모님이 실제로 계시지는 않으나 계시는 것처럼 느끼는 것은 제사지내는 사람의 정성이지 미신이 아닙니다. 그러나 신앙은 그런 정성의 차원이 아니라 감각적으로는 감지할 수 없으나 실제로 계시는 분을 그대로 계신다고 믿는 것입니다.

즉, 미사와 제사는 계시지는 않지만 계시는 것처럼 느끼는 정성과, 감각적으로 감지되지는 않으나 계시는 분을 믿음으로 받아들이는 것의 차이입니다.

그런데 신앙을 토착화한답시고 성체를 떡으로 하고 포도주 대신 막걸리를 쓰자는 사람이 있어요. 예수님이 밀떡과 포도주로 성체성사를 세웠으면 그걸로 끝난 겁니다. 신앙의 토착화는 그런 게 아닙니다.

중요한 것은 내가 원하는 방향으로 바꾸려 하지 말고 말씀을 그대로 받아들여야 한다는 겁니다. "이래야 되는데 이럴 수 있나?" 하는 건 자기 욕심이 있어서 하는 소리일 수도 있음을 주의해야 할 것입니다.

마지막으로 한마디만 덧붙입니다. 윤지충과 권상연의 사형 중지를 명했으나 한발 늦어 사형됐다는 소식을 정조가 듣고 이게 선례가 되어 앞으로 천주교 신자들이 다 죽을 것을 염려하여 전국에 방을 붙입니다. 천주교를 믿으면 죽게 될 테니 믿지 말라는 거지요.

그때가 1791년이니 1784년에 천주교가 들어와 채 십 년도 안돼 서울과 내포 전라도 일대에서밖에 천주교를 모르던 때였습니다. 그런데 전국 방방곡곡에 방을 붙이니 온 나라 사람들이 천주교를 알게 됐고 누군가 천주교 때문에 죽은 것을 안 사람들은 얼마나 좋은 도리기에 목숨까지 바쳤는가를 궁금해합니다.

순교자의 피가 몇 년 걸려도 이루지 못할 전교를 한 겁니다. 여기서 우리는 순교자의 피가 그리스도교 신앙에 씨앗이 된다는 말을 묵상할 수 있습니다.

변절자인가 순교자인가
교회창설자 이승훈

한국교회의 설립에 기여한 이승훈의 생애를 봅시다. 1784년, 베이징에서 영세입교를 하고 돌아온 이승훈은 이벽, 권일신 등에게 세례를 줍니다.

이때가 이승훈이 가장 열심히 일을 한 때입니다. 1785년, 을사추조 적발사건이 나서 숨어있을 때도 이승훈만은 계속해서 임시성사를 집행하는 일원으로 활약했습니다. 그러다가 1790년에 베이징 주교로부터 제사를 못 지낸다는 대답을 듣고 종교활동의 일선에서 후퇴하고 평택현감으로 갑니다.

그런데 1791년에 윤지충이 순교합니다. 윤지충이 순교할 때 이런 교리를 이승훈이 가져왔다는 것이 밝혀집니다. 잡혀서 벌은 더 받지 않았지만 평택현감 자리가 뚝 떨어져 나갑니다. 매우 섭섭한 사실이지만 이승훈도 평택현감으로 있을 때는 천주교 신자들을 탄압했습니다.

그러다가 1794년 주문모 신부가 입국해 교회육성을 위해 노력하다가 자수하여 순교한 시기에 이승훈도 예산으로 귀양을 가게 됩니다. 이승훈은 1801년 신유박해 때 의금부에 구금되었다가 서소문 밖에서 처형당합니다.

벼슬자리 뺏기고 귀양가고 처형당한 게 전부 무엇 때문입니까. 신앙 때문 아닙니까. 그런 이유로 변기영 신부가 이승훈을 순교자로 보고 천진암에다 이승훈 묘소를 옮겨놓고 존중하고 있습니다.

우리는 심정적으로 한국교회 머릿돌이 된 그분이 어느 순간 변절했다 하더라도 마지막에 하느님께로 돌아와 안겼을 것으로 믿고 싶습니다.

그러나 달레 신부는 중간에 변절한 것 때문에 못마땅해 하죠. 이분에 대해 너무 냉혹하게 "교회창설자가 중간에 변절하다니 말도 안된다." "윤지충도 죽었는데 왜 그렇게 용감하게 못 죽었느냐."고 몰아붙이는 의견에 저는 별로 찬성하지 않습니다. 이렇게 말하는 분들은 너무 완벽주의자라 생각됩니다.

　오히려 이승훈을 중도에 변절하게 했던 제사문제에 대해서, 천주교 수용과정에서의 한국초대교회와 전통사상과의 갈등에 대해서 좀더 냉철하게, 그리고 신중하게 바라볼 수 있어야 한다고 생각합니다.

"아는 것이라고는 주자학밖에 없소"

서구문화를 바탕으로 한 천주교는 제사 이외에도 우리 전통문화로는 도저히 용납할 수 없는 몇 가지 특징이 있습니다.

첫째, 철저한 신분제도와 가부장적 권위를 중시하는 유교적 전통관념으로 볼 때, 한 영혼으로서 하느님 앞에 평등하다는 사상은 도대체 용납되질 않습니다.

그러니까 요샛말로 하면 기존체제에 대한 정면도전일 뿐 아니라 체제를 무너뜨리고 부인하는 행위입니다. 그러니 받아들일 수 없는 것입니다. 천주교를 탄압할 수밖에 없는 문화적 여건이 됩니다.

둘째, 당시 유교는 단순한 종교가 아니고 정치이념이었다는 겁니다. 종교냐, 아니냐 하는 문제는 별개로 놓더라도 유교는 조선시대의 사회적 지도이념이었습니다.

유교와 가톨릭 사상의 충돌을 단순히 유교라는 종교와 천주교라는 종교 간의 갈등으로 보면 그냥 놔둘 수 있는데 당시의 유교는 종교라기보다 통치이념이었고 사회기강의 근간이었거든요. 그러니까 그에 반하는 천주교는 사회체제와 국가권위에 대한 도전이라는 점에서 용납할 수 없는 겁니다.

이게 천주교를 탄압하는 두 번째 큰 이유입니다. 이건 상당히 명분있는 이유입니다. 그러니까 지금처럼 종교의 자유라는 입장에서 신교의 자유는 인정되어야 한다는 식으로 주장할 수는 없죠.

셋째, 당시 한국의 유학은 주자가례에 의한 주자학적 유학이었습니다. 주자학은 만물天 속에는 이理가 내재하는데, 특히 인간 내에 있는 이理를 성性이라고 주장하는 학문입니다. 그러니 주자학이 말하는 이理는 만물이 존재하는 근본원리지요.

이렇게 알고 있는 사람들에게 그밖의 얘기는 사문난적斯文亂賊 유교사상에 어긋나는 언행을 하는 사람이지요. 이것은 자기주장 이외에는 받아들일 여유가 없는 편협하기 짝이 없는 거죠. 그

"아는 것이라고는 주자학밖에 없소" 103

것 말고는 모릅니다. 그래서 황사영 백서에도 이렇게 적혀있습니다.

"아는 것이라고는 주자학밖에 없기 때문에 주자학과 조금이라도 다르면 큰 변괴라도 난 양 떠들었다."

사실이 그렇습니다. 편협한 사고방식에 젖어있던 우리나라 성리학자들에게는 이질적인 요소를 용납할 여유도, 유연성도, 받아들일 깊이도 전혀 없었던 거죠. 이것 때문에 천주교를 용납하지 못합니다.

넷째, 천주교 교리를 전체적으로 이해하면 그래도 괜찮았을 텐데 부분적이고 단편적으로 보고 그것을 비판합니다. 당시 유학자들이 주류를 이루던 집권세력은 천주교 교리를 전체적으로 이해하지 못했습니다. 그래서 어떤 문제가 나왔느냐, 별별 희한한 얘기가 다 나옵니다.

예를 들어 너희가 하는 짓이 하늘과 땅에 한점 부끄러움이 없다면 어찌하여 부모가 지어준 이름을 버리고 해괴한 이름을 쓰느냐는 겁니다. 뭘 말하는지 알겠죠?

들어보면 맞는 얘기 아닙니까? 부모가 이름을 지어줬는데 이상한 이름, 그것도 알아듣지도 못하고 혀도 잘 안 꼬부라지는 이름을 만들어 쓰니 우습다 이겁니다. 이걸 이해시키려면 하느님 안에서 다시 태어나는 새 생명을 얘기해야 되는데 이걸 언제 설명합니까. 도저히 받아들이질 못하죠.

또 "천주교는 왜 아비도 모르고, 임금도 모르느냐?"고 묻습니다. 예컨대 전통교리에서는 구원을 받으려면 삼구三仇를 대적해 이기라고 했습니다. 삼구란 세가지 원수 즉 육신, 세속, 마귀를 말하는데 영적 정진에 방해될 때 이걸 이겨내라는 것이거든요.

그런데 그들은 육신을 이겨내라는 게 뭐냐는 겁니다. 유가에서 '신체발부는 수지부모'라고 했으니 머리털 하나라도 손상하는 것은 불효입니다. 내가 어디 다쳐서 피가 났는데 별로 안 아프거든요. 그러면 괜찮은 겁니까? 나 괜찮다고 괜찮은 것 아니다. 그것 때문에 걱정하는 어머니를 생각하면 괜찮다는 말을 할 수 없습니다.

그런 소중한 육신을 괴롭히고 밥을 안 먹어요? 그게 뭐하는 짓이냐 이 말입니다. 고기를 안 먹어요, 굶어요? 그게 무슨 소리냐, 불효 막심하다 이런 얘깁니다.

너는 애비도 없느냐. 그래서 천주교 신자는 무無자를 써서 육신을 우습게 보고 아비를 모르는 놈이다, 무부無父한 놈이다 그러거든요.

그 다음에 세속을 이기라 했거든요. 조선은 절대군주체제였습니다. 임금이 절대적이고 하늘 아래 임금 것 아닌 것이 없습니다. 그런데 그 세상을 이기라니 이게 무슨 소리냐, 임금 것을 이기라니 어디다 대고 하는 소리냐 이 말입니다.

하느님만 절대자로 알고 임금을 상대화하니, 절대군주제도의 사고로는 이해가 안되는 것입니다. 그러면 너희는 임금도 모르는 역적 아니냐 이거죠. 임금을 이기려고 하는 것, 임금의 절대권에 도전하는 것은 역적입니다. 천주교 신자들은 무군무부無君無父한 놈이다, 그러니까 천주교 신자를 역적죄로 몰아 죽이는 겁니다.

여러분이라면 뭐라고 대답하겠어요. 우리 순교자들은 이것에 대해서 명쾌하게 대답을 하고 자기가 한 대답에 생명을 걸었습니다.

그 다음에 또 무슨 소리를 하냐면 천주교 신자들은 모였다하면 사람을 잡아먹는다는 거예요. 을사추조 적발사건 이래로 끌려가고 못 믿도록 하니까 가난한 천주교 신자들이 세상사람들 몰래 모이잖아요. 이게 이상하다 이거라. 요새 표현으로 하면 불순분자들 아닙니까?

왜 자꾸 몰래 모이느냐, 몰래 모여서 뭐하느냐 물어보니까 천주교 신자들이 대답하길 미사에 참례하고 생명의 양식을 서로 나눠 먹었다고 하거든. 그게 뭐냐, 그리스도의 몸과 피를 나눠먹었다고 하니까, 야 이것들이 누구를 잡아먹는구나 하는 거야.

어떻게 해서 누구의 피와 몸을 먹고 마시느냐, 증거를 잡아라 이렇게 됐습니다. 사람을 잡아먹었으면 반드시 증거가 있을 테니 증거를 잡으려고 얼마나 애를 썼는지 모릅니다. 그래서 헛소문이 납니다. 천주교 신자들이 애를 잡아먹는다고. 성체성사에 대해서 그런 식으로 이야기한 거죠.

이런 것들이 말하자면 천주교 교리를 전체적으로 파악하지 못하고 부분적으로 알아들었기 때문이라는 겁니다.

주문모 신부의 입국과 순교

최초의 사제영입운동
비오 6세 교황의 감동

　우리나라 초대교회 지도자들은 결혼하지 않은 신부가 미사를 집전한다는 사실을 책에서 읽고, 베이징의 구베아 주교에게 이미 결혼한 평신도가 임시로 집행한 성사가 옳으냐 그르냐를 편지로 묻습니다. 또 제사를 지내도 되느냐고도 묻습니다. 구베아 주교는 신부 없이는 성사를 집행할 수도 없고, 제사도 지낼 수 없다고 답장합니다.
　이 답장을 받고 나서는 평신도가 집행하는 미사를 중단합니다. 그리고는 성사를 집행할 사제를 보내달라고 사제영입운동을 벌입니다.

그런데 천주교 초대교회 선구자들은 서학에 대한 학문적 관심에서 출발한 양반들입니다. 그들은 제사까지 양보하면서 믿음을 가질 필요는 없었습니다. 그래서 주교의 답장을 보고 교회를 다 떠나갔습니다.

제사문제로 윤지충이 순교한 해가 1791년입니다. 윤지충의 순교가 신자들을 참신앙으로 돌아오게 합니다. 그러니까 이 내용을 깊이 모르고 그냥 요즘처럼 제사지내라고 했으면 윤지충은 죽지 않을 뻔하지 않았나, 그런 식으로 가볍게 말할 수는 없습니다.

윤지충은 그 많은 선각자 중에서도 참된 신앙인입니다. 또한 공식적으로 임금님의 사형명령에 따라서 피를 흘린 최초의 순교자입니다. 이때부터 우리나라에 신앙이 싹틉니다.

윤지충이 순교하기 한해 전인 1790년 5월에 세 사람이 베이징에 갔습니다. 윤유일, 지황사바, 박요한이 구베아 주교에게 사제를 보내달라고 청원서를 냅니다. 주교는 이것을 라틴말로 번역해 교황청에 알리는 한편, 신부 한 분을 즉시 조선에 파견합니다. 그분이 요한 도스 레메디오스 신부입니다.

요한 신부는 조선에 들어오려고 압록강가까지 와서, 약속한 대로 데려가기를 기다립니다. 그런데 1791년에 무슨 일이 벌어집니까. 윤지충 사건으로 박해가 일어나고 유능한 양반신자들 대부분이 떠나버리고 없는 상황입니다.

이런 일이 벌어지니 신부를 모시러 갈 수가 없죠. 요한 신부가 아무리 기다려도 사람이 안 오니 기가 막히지요. 결국 요한 신부는 2년 동안 연변에서 우리나라 교우를 기다리다 끝내 만나지 못하고 돌아갑니다.

구베아 주교는 이 모든 사실을 라틴말로 상세히 적어서 교황 비오 6세에게 보냅니다. 이 편지는 세계교회에 한국교회가 생겨났음을 알리는 첫 문서가 됩니다.

이때가 1790년인데, 유럽에서는 1789년에 프랑스혁명이 일어났지요. 프랑스혁명의 여파로 천주교가 어려운 처지에 놓여 의기소침해 있을 때, 이 놀라운 아시아 동방 한국교회의 출현은 새로운 활력소가 됩니다. 교황이 감동하셨지요. 한국교회를 축복하고 구베아 주교에게 어떻게든 한국교회를 잘 도와주라고 당부합니다.

구베아 주교는 요한 신부의 입국 실패를 통해 조선국경을 넘기 어렵다는 사실을 확인합니다. 주교는 국경을 쉽게 넘을 수 있도록 우리나라 사람과 가장 닮은 중국인 신부를 뽑았는데 그 사람이 주문모 신부입니다.

주문모 신부의 고해성사

주문모 신부는 어릴 때 부모님이 돌아가셔서 할머니가 업어 키웠습니다. 불행한 소년시절을 보내고 결혼했는데 부인마저 일찍 죽습니다. 그 후 늦은 나이에 사제를 지망하여 신학공부를 마치고 신부가 되었습니다. 그분은 아주 인자하게 생겼고, 수염이 특별히 길고 아름다웠다고 합니다.

이때 조선에서는 윤지충의 순교 후 전국에 방이 붙는 바람에 천주교에 대한 관심과 열의가 높아졌고 교회재건운동이 전개되고 있을 무렵입니다. 하지만 조정의 탄압이 계속되자 양반

신자들은 천주교를 버렸고, 남아있는 사람들은 무식한 백성들 밖에 없는 어려운 상황이었습니다.

그러니 신부를 어떻게 모셔오느냐가 다급한 문제지요. 모셔 오는 일도 급하지만 어디서 거주하느냐 하는 점도 큰 고민거리입니다.

경제적 여유도 없고, 한치 앞도 내다보기 힘든 이런 극한 상황에서도 사제영입운동은 계속 전개됩니다. 어떻게든 신부를 모셔오는 일은 윤유일이, 신부의 거처를 마련하는 일은 최인길이 책임지기로 약속합니다.

결국 1794년 3월에 중국쪽 국경에서 윤유일과 지황사바가 주문모 신부를 만납니다. 그런데 이때는 압록강 물이 녹을 때라 국경을 넘기가 어렵습니다. 일행은 압록강물이 얼 때까지 십 개월간 기다립니다. 12월이 되어서야 윤유일 일행이 주문모 신부를 모시고 한밤중에 압록강을 건너서 들어옵니다.

우리나라에 처음으로 복음이 선포된 해가 1784년입니다. 주문모 신부가 1794년에 오셨으니 한국교회설립 10년 만에 처음으로 사제가 온 셈입니다.

평신도에 의한 임시성사집행 때도 그렇게 열렬히 기도하던 신자들인데 신부를 모시게 된 기쁨은 말로 다할 수 없습니다.

주문모 신부는 1795년 부활 첫미사를 봉헌합니다. 영세를 하기 시작하는데 이때 신자들에게 제일 먼저 하고 싶은 게 뭐냐고 물으니 고해성사를 보고 싶다고 합니다.

그런데 막상 고해성사를 보려고 하니 주문모 신부는 한국말을 모르잖아요. 그래서 고해성사가 무척 힘듭니다. 그래도 한자를 아는 양반들은 자기 죄를 한문으로 적어내고 신부가 그걸 보고 고해성사를 줄 수 있었습니다.

그러나 글 모르는 사람은 성사를 아예 못 보는 거예요. 그때 글 모르는 사람들은 신분이 낮은 사람들입니다. 그들은 성사가 보고 싶어서 신부를 만나러 수십 일씩 걸어옵니다. 올라오면서 먹을 음식이나 제대로 있었겠습니까, 조정에서 탄압하는데 천주교 신자라고 내놓고 다닐 수나 있었겠습니까. 아무 소리도 못하면서 수십 일씩 걷고 굶고 잠도 못 자며 찾아왔던 겁니다.

죄를 용서받는 가치, 하느님과 일치하는 영적 의미의 체험이 얼마나 소중했으면 그렇게 했겠느냐 이 말입니다.

그런데 신부와 말이 안 통해 고해성사를 볼 수 없다고 생각해보세요. 절대 그냥 내려갈 수는 없지요. 어찌어찌 한문 아는 사람을 찾아내 자신의 죄를 써서 사제에게 드렸겠지요.

그러면 사제가 입을 열어 보속을 말해줘야 하잖아요. 하지만 못 알아 듣는데 보속을 어떻게 말합니까. 그래서 보속을 말하는 대신 그 자리에서 종아리를 걷고 매를 맞았다고 합니다.

남녀유별을 철석같이 지키던 시대에, 여인네들이 부끄러운 죄를, 생판 모르는 남자한테 얘기하고, 또 종아리를 걷고 매를 맞습니다. 참 기가 막힌 일입니다. 그렇게 매를 맞고도 죄를 용서받은 기쁨 때문에 감격의 눈물을 흘린 분들이 초대교회 신자들입니다.

주문모 신부는 그 모습을 보고 감격합니다. 피로를 잊습니다. 어느 날 일기에는 이렇게 적혀 있습니다.

'나는 피로에 지쳐서 견딜 수 없었다. 그런데 열의에 찬 고해자가 또 왔다. 내가 어찌 그에게 성사를 주지않으리오. 그에게 고해성사를 주고 난 후 나는 조금 전의 피로가 씻은 듯 가신 것을 느꼈다.'

민족의 어머니
강완숙 골롬바

한 배교자가 주문모 신부의 근황과 생김새를 밀고함으로써 주문모 신부 대신 회장 세 분이 잡혀 죽임을 당합니다. 좌포청 우포청에서 이렇게 눈에 불을 켜고 주문모 신부를 찾고 있는 중에도 6년 간이나 자기집에 숨겨준 용감하고 지혜로웠던 여인이 있습니다.

강완숙 골롬바는 서녀, 즉 첩의 딸이었습니다. 그래서 정식으로는 공부를 못합니다. 오빠들 공부하는 옆에서 그냥 왔다 갔다 심부름을 하면서 어깨 너머로 주워들은 게 전부입니다.

그런데 그 강완숙의 글이 종일 공부한 오빠들보다 낫습니다. 그렇지만 처지가 그러니 인생살이에 무슨 의미를 느끼겠습니까. 그래서 불교에 귀의합니다.

불경을 공부하는 강완숙에 대한 기록에서 그분의 학문 수준을 짐작할 수 있는 대목이 나옵니다.

'강완숙은 불교의 가르침에 허무를 느끼고' 그런 대목이 나오는데 이게 참 놀라운 얘기입니다. 말이 쉽다고 다 할 수 있는 말은 아니죠. 누구는 불교를 일생동안 해도 신비롭다고 하는데 말입니다.

그런데 〈천주실의〉를 보고 책 제목이 마음에 들었다는 거죠. '강완숙은 불교의 가르침에 허무를 느끼던 중에 천주실의를 단숨에 읽고' 우리나라 표현법이 그렇게 간단합니다. 단숨에 읽었다는 거예요.

나는 그 소리를 듣고 강완숙이 단숨에 읽은 천주실의를 나라고 단숨에 못 읽겠나 싶어 천주실의를 구해서 단숨에 읽으려고 했지만 도저히 단숨에 못 읽고 두 숨인지 다섯 숨인지 겨우 겨우 읽었어요. 천주실의가 쉬운 것 같아도 참 어렵습니다.

그러면 강완숙의 실력을 알 수 있는 거죠. 천주실의를 단숨에 읽을 수 있었으면 불교공부에 대해서 허무를 느끼는 것이 이해됩니다. 그래서 천주교 신자가 됩니다.

이렇게 천주교 신자가 된 강완숙은 자기 처지와 신분 때문에 홍지영이라는 남자의 재취로 들어갑니다. 시어머니에다 전처 소생까지 있었지요. 여기서부터 강완숙의 위대한 점이 나타납니다. 전처 소생 아들과 시어머니가 강완숙의 삶을 보고 영세를 합니다.

참 놀라운 일이죠. 하느님 하시는 일이 왜 이렇게 짓궂으신지…. 정작 남편은 자기 몸을 지키고자 하는 사람이라 영세입교를 못합니다.

그때가 1791년 윤지충이 순교할 무렵이어서 천주교 신자들이 다 옥에 갇혔는데 강완숙이 그 사람들에게 밥을 해 날랐어요. 그리고 그게 발각돼서 옥에 갇힙니다. 한 이틀 후에 풀려나긴 했지만 남편이 겁을 내어 부인을 쫓아냅니다. 그런데 시어머니와 전처의 아들은 오히려 강완숙을 따라옵니다.

그런데 하느님의 섭리는 오묘하셔서 서울로 올라와서 사는 강완숙의 집에 주문모 신부가 숨어들어 옵니다. 그러니까 남자들도 잡혀 죽을까봐 벌벌 떨던 시절, 내로라 하던 양반들도 매맞고 배교하고, 조금 미안한 얘기지만 초대교회 건설공로자

민족의 어머니 117

로 높이 받들고 있는 이존창도, 정약종도, 김대건 신부의 할아버지도 배교하던 시절에 강완숙이 신부를 모신 겁니다.

　광에 모셔두고 함께 사는 시어머니와 아들에게도 비밀에 부칩니다. 이 시어머니가 보통 시어머니입니까. 아들을 버리고 강완숙을 따라온 사람, 강완숙 때문에 영세한 신자입니다. 그런데도 신부가 있다는 걸 안 알립니다. 왜냐? 믿을 수 없으니까. 그만큼 위했다는 뜻입니다.

　집안 식구가 전혀 모르게 하고 3개월 동안 모십니다. 광 속에 숨어있게만 하는 것도 아닙니다. 하루 세 끼 밥드려야죠, 사제니만큼 사목하러 나가야 합니다.

　사목하러 나가면 밀고 당할 위험이 있습니다. 체포령이 내려져 있었고 주문모 신부를 못 잡아서 회장을 세 분이나 비참하게 때려죽여 놓고도 눈에 불을 켜고 주문모 신부를 찾고 있는 중이니 말입니다. 그런 상황에 신부를 목숨 걸고 지킵니다. 그래서 나는 한국여성사에서 이분이 사임당 신씨보다 더 위대하다고 봅니다.

　날씨가 추워지자 광 속에서 계속 사목하실 수 없습니다. 광에서 나오시게 해야 하는데 문제는 시어머니가 과연 목숨 걸고 자기처럼 신부를 지켜주겠는가 하는 겁니다. 이걸 알아보기 위해 강완숙은 어느 날부터 아프다고 드러누워서 밥을 굶습니다. 이틀째 단식에 들어갈 때 시어머니가 권합니다.

"의원에게 보이자."

"제 병은 의원이 낫게 해줄 병이 아닙니다."

사흘째 단식에 들어갈 때 시어머니가 강완숙의 병이 마음에 생긴 줄 알고 이렇게 말합니다.

"너를 믿고 여기까지 따라온 나에게 사흘씩 굶으면서도 말하지 않고 이렇게 누운 걸 보니 아마도 죽을 것 같다. 가슴에 맺힌 병을 억지로 말하라 그럴 수는 없고 네가 죽는다면 나도 살 이유가 없다. 그러니 나도 같이 죽을 수밖에 없다."

그렇게 말하고는 강완숙 옆에 드러눕습니다. 같이 굶는 거지요. 강완숙은 시어머니의 결의가 어느 정도인지 보려고 이틀을 더 굶습니다. 시어머니도 죽을 각오로 이틀 동안 꼬박 굶습니다.

닷새째 되는 날 강완숙이 눈물을 흘리면서 말합니다.

"어머님, 내 마음 속 병을 말씀드리겠습니다. 중국에서 우리를 사목하기 위해서 신부님이 오신 걸 아십니까?"

"정말 그런 신부님이 와계시는 거냐?"

"저도 잘 모르지만 조정에서 그를 잡으려고 하니 언제 잡힐지 모릅니다. 내게 영적 양식과 먹이를 주는 목자가 어디서 주무시는지, 잡수시는지 알지 못하는데 내가 어떻게 편하게 밥을 먹고 잠을 잘 수 있겠습니까. 이게 내 병입니다."

시어머니가 어지간합니다. 이 말을 듣더니 벌떡 일어나 말합니다.

"내가 너를 대단한 여자로 봤는데 이제 보니 형편없구나. 그 병이라면 굶을 일이 아니다. 먹자. 먹고 우리 둘이 힘을 내서 신부님을 찾아 우리 집에 모시면 될 것 아니냐."

강완숙은 힘이 났습니다. 너무 기뻐 미음조차 넘기지 못하고 나가서 주문모 신부를 방으로 모십니다.

이렇게 해서 주문모 신부는 6년 후 1801년에 순교하실 때까지 여기서 사목활동을 하십니다. 강완숙은 대담하게 신부를 모시고 나가 사목활동을 하고 치밀하게 숨겨 들어오는 걸 6년 동안 합니다. 좌포청 우포청의 포졸들이 들끓는 서울 한가운데서 말입니다.

이분이 한 일은 말로 다 못합니다. 왕족에게 다가가서 그들을 영세시켜내죠, 가난한 사람들 도와주고 다 영세시켜내죠, 불행한 여인들, 미혼의 여인이나 홀로된 여인들을 자기집에 모아서 함께 기도하며 삽니다.

　원시적이기는 하지만 어떤 의미에서 한국 최초 수도원의 원형이라 할 수도 있습니다.

　황사영은 백서에서 한국교회를 위해 노력한 사람 중 남녀를 통틀어서 강완숙을 당할 사람이 없다고 말했습니다. 지극한 칭찬입니다.

신부 옷 입고 순교한 평신도
최인길 회장

우리의 불행한 순교사 속에는 놀라운 면과 반성해야 할 면 두 가지가 동시에 있습니다.

중국에서 온 주문모 신부가 최인길 회장이 만들어준 거처에서 사목활동을 하는데 성사 보는 열의가 대단해서 미사시간의 분위기가 말할 수 없이 뜨겁습니다. 그런데 이런 사실을 외부에 전한 사람도 바로 신자들입니다.

우리는 늘 순교자 얘기만 합니다. 그러나 인류역사 속에는 순교자 수만큼 배교자가 있게 마련입니다. 배교자라는 얘기는 한때 천주교 신자였다는 말입니다.

순교사를 공부하면서 끊임없이 나에게 물어본 것은 지금 내가 하는 이 일이 순교적 행위인가 배교적 행위인가 하는 것입니다. 내가 공동체에서 했던 행동이나 말이 상대의 마음을 상하게 했다면 그건 배교행위입니다. 내가 좀 참고 인내해서 평화를 심었다면 그건 순교행위입니다.

신자 중 어떤 사람이 제사문제 때문에 냉담했다가 회개했다면서 주문모 신부를 만난 후 밀고합니다. 배교자의 밀고로 의금부에서 주 신부를 잡으러 사람을 보내자 이걸 안 다른 신자가 주 신부를 피신시킵니다. 아무 준비도 없이, 마치 구약시대에 아브라함이 하느님 말씀을 따라 무조건 고향을 떠난 것처럼 주 신부는 최인길 회장집을 떠납니다.

이때 주문모 신부가 도망칠 시간을 벌어주려고 최인길 회장이 주 신부 복장을 하고 시간을 끌다가 대신 잡혀갑니다. 최인길 회장은 사제를 지키기 위해 온갖 고문을 당하면서도 입을 열지 않고 돌아가십니다.

결국 양반들이 다 떠나고 없는 서민의 교회를 지키고 있던 마지막 지도자인 윤유일, 지황사바도 체포돼서 고문을 당하고 온몸 성한 구석 없이 돌아가십니다. 순교하신 겁니다. 그 시신을 한강 백사장에 버리고 손도 못 대게 합니다.

　이분들은 사제를 지키려고 이렇게 돌아가셨습니다.

아홉 번이나 거절당해도
신태보 회장

앞에서 주문모 신부를 숨겨준 위대한 여인 강완숙의 이야기를 하였는데, 주문모 신부가 강완숙의 집에 숨어서 사목활동을 하는 동안 비밀을 지키기 위해서 그때 사람들이 한 일을 보면 눈물겨워 말을 다 못합니다.

예컨대 신태보 회장이 주문모 신부에게 성사를 보러 여덟 차례에 걸쳐 80리 길을 걸어 올라옵니다. 그런데 이분에게 성사를 보게 해야 할지 말아야 할지 판단이 안 섭니다. 이분이 밀고할 사람인지 아닌지 알 수가 없거든요.

신태보를 처음 만난 강완숙은 얼마나 소심해져 있었던지 아무런 대답을 하지 못하고 고개만 흔들었습니다. 계시는데 없다고 하면 거짓말이니까 안 계신다고는 대답을 하지 않고, 계신다는 말도 하지 못하고 고개만 흔든 것입니다.

그런데 신부를 목숨 걸고 지켜야 한다는 그 뜻은 같이 하기 때문에 신태보가 그걸 섭섭하게 생각하지 않고 받아들이고 갑니다.

요새 평신도들은 이런 자세가 있습니까? 신부한테 조금만 소외되면 온갖 소리 다 하잖아요. 이 사람들은 그렇게 거절을 해도 조금도 섭섭하게 생각하지 않고 돌아가는데 여덟 차례를 그렇게 합니다.

아홉 번째 왔을 때도 차마 계신다는 말을 못합니다. 신태보가 또 아무 말 없이 기쁜 마음으로 "언젠가 소식이 있거든 전해주십시오." 하고 돌아가려고 할 때 양말을 한 켤레 내줍니다. 그때 우리나라 사람들은 버선을 신었거든요. 버선은 늘어나지 않으니까 큼직하잖아요. 양말은 늘어나니까 조그마하다 이 말이죠.

양말을 주니까 신태보가 웃으면서 "어린이나 신을 이런 걸 왜 나에게 주시오." 이럽니다. 그러자 "하여튼 한번 신어보셔요." 합니다.

신태보가 아무 말을 안하고 신으니까 발이 쑥 들어가거든요.

"어, 이거 참 희한한 일이오. 이 작은 것에 어떻게 이 큰 어른 발이 들어갑니까?"

그럴 때 대답해줍니다.

"하느님은 바로 그와 같은 분이시죠."

그래서 신부가 계신다는 걸 압니다. 그러나 만나지는 못했습니다.

그러다가 신태보도 잡혀가게 되는데 옥중에 있으면서 그때 신부가 계셨다는 사실을 확인하고 나서 자신이 좀더 정성을 다해 신부에게 성사를 받지 못한 것을 뉘우칠 뿐 신부를 못 만나게 한 사람을 탓하지 않습니다. 자기가 더 열성적이지 못해서 못 만났다고 말하고 있습니다. 그렇게 신부를 지켰어요.

한국의 쿼바디스
압록강에서 돌아선 주문모 신부

우리 선조들이 신부를 지키기 위해서 한 노력은 눈물겹습니다. 그 무렵 6년 동안 끊임없이 신자들이 잡혀갑니다.

좌포청 우포청에서 천주교 신자들을 잡아가면 다른 말은 아무것도 묻지 않고 "주문모 신부님 계신 곳만 알려달라."고 합니다. 그러면 신자들은 매를 맞으면서도 결사적으로 입을 떼지 않습니다.

그런데 이와 같은 현실을 듣고 있는 주문모 신부의 심정을 한번 생각해보십시오. 어떤 사람이 매를 맞아 의식 없는 순간에 신부가 있는 곳을 알리면 신부는 죽죠. 그렇다고 끝내 말하지 않고 죽었다고 하면 살아남은 신부는 좋겠습니까. 기가 막히는 일입니다.

마침내 좌포청 우포청에서 강완숙을 불러 추달합니다. 강완숙은 전혀 모른다고 대답하죠. 그러자 강완숙의 집 종을 불러서 또 매질을 합니다. 종이 황망 중에 주문모 신부의 모습을 알려주고 맙니다. 강완숙이 도로 끌려갑니다. 끌려가서 종이 한 말을 가지고 추궁당하자 강완숙은 "우리 집에 다녀가신 적은 있지만 모른다."고 합니다.

상황이 이 정도 다급하게 되자, 주문모 신부는 '그들이 찾는 사람은 나다. 나 때문에 사람들이 죽어간다. 내가 없으면 조정에서 천주교 신자를 잡지 않을 것 아닌가. 그러니 내가 없어지는 게 좋겠다.' 그렇게 생각하고 한국사목을 포기하고 중국으로 건너가려고 의주까지 갔습니다. 압록강만 넘으면 안 죽고 살죠.

압록강의 마지막 밤, 신부는 이런 묵상을 합니다.

'양떼는 목자를 위해 목숨을 바쳐 죽어갔는데 목자는 생명을 구하기 위해서 강을 건널 수 있느냐.'

그래서 되돌아 옵니다.

달레 신부는 한국교회의 이 대목이 너무 기가 막혀서 "이게 바로 한국의 쿼바디스다." 그랬어요. 쿼바디스를 보면 베드로가 박해를 피해 로마를 떠나던 도중에 하느님의 말씀을 듣고 로마로 되돌아왔죠. 그리고 감옥에 갇혀 순교합니다.

바로 그 쿼바디스처럼 주문모 신부는 되돌아와 의금부로 갑니다. 그리고 "내가 주문모 신부요." 하고 자수하여 순교하신 것입니다.

그때가 1801년 4월 19일입니다. 한국최초의 사목자가 돌아가신 1801년은 한국교회의 중요한 고비입니다.

하늘로 간 순교자들

"부인, 면회오지 마십시오"
탈옥을 거부한 이도기

이제 박해 속에 자라나는 교회를 한번 봅시다. 1800년까지는 박해를 해도 어떤 문화적 충돌, 사회와 계시 진리 사이의 갈등 때문이었는데, 1801년 이후부터는 당파싸움까지 휘말려 들어갑니다. 하지만 이때 순교한 분들도 신앙을 증거하고 죽었지 당파싸움 때문에 죽은 건 아닙니다. 이 점을 혼동하지 마시고 똑똑히 보셔야 합니다.

1790년경 서민들의 가슴에 신앙을 지닌 모습이 나타나기 시작합니다. 그들 중 이도기라는 분이 계셨습니다. 이도기는 충청도 청양사람으로 나이 오십이 되던 해에 식구들 보고 "인생의 의미가 뭔지 모르겠다. 그래서 나는 집을 떠난다. 내가 만약 다시 돌아온다면 지금처럼 살지는 않을 것이다." 하고 떠납니다.

이분이 서울로 와서 김범우 등과 만나 천주교 교리를 공부하고 바오로라는 본명으로 영세입교합니다. 그리고 고향으로 1년 만에 돌아갑니다.

과연 그의 모습은 이전과 다릅니다. 사는 게 기쁨에 넘쳐있고 주변사람들에게 얘기할 때 진실되고 소박하며 간절한 모습으로 말합니다. 그러면서 천주교 교리를 전합니다.

이때가 을사추조 적발사건으로 박해 중일 때거든요. 그래서 당시 공주부윤이 그를 잡아들여 문초를 합니다. 기회있을 때 이 문초문을 찾아 읽어보십시오. 묵상자료로 삼으면 좋을 것입니다.

교인들이 잡혀가면 "네가 천학天學을 한다던데 사실이냐?" "그렇다."고 하면 "너 어찌 사학邪學을 하게 됐느냐?" 그러면 한결같이 순교자들이 "나는 사학을 한 적이 없고 앞에 말씀드린 대로 천학을 했다."고 분명히 밝히죠.

그러면 관장이 조목조목 따집니다. 논어와 맹자에 있는 성현의 가르침을 얘기하면서 효와 충의 문제를 묻습니다. 그러면 십계명과 칠극에 있는 내용을 가지고 명쾌하게 대답합니다.

 이도기도 그렇게 잘 대답합니다. 심문하던 공주부윤이 말문이 막히니까 말끝마다 "예의가 없다, 무례하다."며 하옥시키라 그러죠.

 그날 저녁에 관장이 곰곰히 생각해 보니 화도 나고 자존심도 상하지만 그 사람 말이 맞거든요. 그러니 벌 줄 생각이 없는데 국법에 벌을 주라고 그랬으니 안 줄 수 없죠. 이 사람을 살려줄 방법을 찾습니다.

 밤중에 이도기가 도망을 쳐버리면 "죄수가 도망쳤습니다. 곧 잡겠습니다." 하고는 안 잡으면 되잖아요. 그래서 포졸을 불러 적당히 일러둡니다. 포졸이 눈치를 채고 옥문을 잠그지 않고 못 본 척 돌아서 있죠.

 한참있다 도망쳤나 돌아보니 이도기는 옥중에 점잖게 앉아 있습니다. '저 사람이 옥문이 열려있는 걸 모르는가 보다.' 하고 일부러 옥문을 열었다 닫았다 해보인 후 포졸은 이불을 뒤집어쓰고 아예 잠자는 시늉을 합니다. 이쯤되면 충분히 도망쳤으리라 하고 보니 아직도 그냥 버티고 앉았거든요.

 그러다 날이 샙니다. 포졸이 이도기에게 "아이고 이 답답한

친구야, 당신이 천주교를 믿는지 어쩐지 모르겠지만 사람이 세상을 살려면 눈치가 있어야지." 하며 비웃습니다.

그때 이도기가 조용히 웃으면서 대답합니다.

"여보시오, 당신은 죄수를 지킴으로써 국록을 먹지 않소. 당신은 죄수를 잘 지키시오. 나는 내가 어디있든 하느님의 사랑을 증거하면 그만이요."

그러니까 포졸이 말문이 막히지만 옥중에 있는 죄수가 하는 말에 기가 죽습니까?

"아따, 그 양반 눈치코치 아무것도 없는 사람이 말은 잘하네. 당신이야 어쩐지 모르겠지만 그렇게 버티고 앉아 잘난척 하다가는 매맞아 죽기 알맞소."

그렇게 비꼽니다. 그때 이도기가 또 그러죠.

"내가 매맞아 죽을지 병들어 죽을지 굶어 죽을지 그것은 하느님만이 아시는 일이요. 내가 어떻게 죽든 그것이 하느님의 뜻이라면 내 어찌 기쁘지 않으리오."

포졸이 더 말을 못합니다. 이때부터 모욕이 가해집니다. 어제까지 점잖게 살던 사람을 주리틀고 창피주고, 그 방법들은 억장이 무너져 말로 다 못합니다. 그래도 이도기는 아무 소리 없고 지극히 온화한 모습으로 옥중에 있죠.

조선시대 옥중생활은 인권이고 뭐고 없습니다. 옥 바닥은 맨 흙이고 바람 막을 벽도 없습니다. 나무창살로 겨울추위가 그대로 느껴지는 겁니다.

그나마 겨우 굶어죽지 않을 만큼 나오는 음식은 관리들이 차례로 떼먹습니다. 〈목민심서〉에 그 떼먹는 단계가 나옵니다. 죄수한테 갈 게 없어요. 먹을 걸 잘 안 주니 옥중에서 거의 굶어죽습니다.

그러면 옥에 있는 사람들이 굶어죽지 않으려면 어떻게 하느냐. 가족들이 음식을 들여주는 겁니다. 이도기의 부인도 남편이 굶지 않도록 사식을 들여주고 갈아입을 옷을 넣어줍니다.

어느 날 이도기가 부인을 불러서 말합니다.
"부인, 나 때문에 번거로움이 많소. 이제 괘념 말고 면회오지 마시오."
부인이 매우 난감합니다. 남편이 오지 말란다고 굶는 걸 뻔히 알면서 오지 않을 수 있습니까? 그래서 남편 몰래 살짝 와서 먹을 걸 계속 들여다주죠. 이도기는 자기 부인이 오지 말라고 해도 계속 오는 걸 압니다.

어느 날 이도기가 다시 부인을 부르죠. 창살을 가운데 두고 부부가 마주 앉았습니다. 그때 이도기는 비로소 옷자락을 들춰서 상처를 보여줍니다. 먼저 맞은 상처는 썩어가고 새로 생긴 상처는 피가 흐르는데 뼈가 으깨어져서 그 살갗 속이 나와 있습니다. 차마 볼 수 없는 기가 막힌 그 상처를 보여주면서 말합니다.

"부인 보시오. 나도 사람인데 이 상처가 어찌 아프지 않겠소. 그러나 내가 주님을 바라보고 있는 순간만은 고통을 잊을 수 있소. 그런데 부인이 오시면 나 또한 어찌 사랑하는 내 아내를 바라보지 않을 수 있겠소. 내가 당신을 바라보면 아내를 보는 기쁨은 누리지만 이 상처의 고통을 이겨낼 수가 없으니 면회오지 마시오."

부인은 그때서야 남편이 왜 면회오지 말라고 하는지 알아듣습니다. 그래서 면회가지 않습니다.

한 달이 지난 뒤에 포졸이 이도기 부인에게 남편이 죽었다는 소식을 알립니다. 부인이 남편의 소식을 듣고 슬피 울 때, 그 포졸이 부인을 위로하는 말 속에 이런 말이 들어있습니다.

"부인, 슬퍼하지 마십시오. 당신 남편이 죽던 그 밤에 찬란한 빛이 당신 남편의 시신에 어리는 것을 내 눈으로 똑똑히 보았소."

신자가 아닌 한 포졸이 그 아름다운 모습을 증언하게 됩니다. 이들은 분명히 증거자지요. 이게 바로 거룩한 체험이고 은총의 체험입니다. 주님을 바라보고 있는 동안 이 세상의 어떤 고통도 잊을 수 있는 이러한 신앙, 이러한 증거가 한국교회 역사를 끌고 갑니다.

하느님도 나라님도 본 적 없지만
조선 여인들의 순교

거듭 말씀드리지만 순교자들이 관청에 잡혀가 문초받을 때 기록했던 문초문을 읽어보면 그분들이 절대로 혀 꼬부라진 외국사람이 했던 좋은 말 한마디에 죽은 것이 아니라는 것을 알 수 있습니다.

조선시대는 아직도 사농공상 신분제도, 적서차별, 남녀유별이 분명하던 시대거든요. 그런 가운데 여인들도 잡혀들어오죠. 여인을 천대하던 조선시대에 여자가 끌려오니까 관장이 보기에 얼마나 같잖겠어요.

아주 모욕적으로 "너는 왜 왔느냐?"고 묻습니다. 아녀자가 여기 왜 왔느냐 이거죠.

그러면 그 여인들이 겸손하게 대답합니다. "저 또한 하느님을 믿고 있는 사람이니까 국법대로 다스림을 받으러왔습니다."라고 합니다.

당시 형조판서 김화진이 탄식한 말이 있습니다. 형조 밑에 나졸이 있는데 형조 나졸이 나갔다 하면 산천초목도 떱니다. 울던 애도 울음을 그칩니다. "형조 나졸이 온다!" 그러면 숨이 탁 막히거든요.

왜 그러냐? 그때는 인권도 뭐도 없잖아요. 나졸이 잡아가면 잡혀가는 거고 따지지도 못하거든요. 한번 생각해보세요. 영장이 있습니까, 무슨 죄라고 가르쳐주기를 합니까. 무조건 잡아들이면 얻어맞는 거고 "내놔라!" 그러면 줘야되고. 묻는 말도 별것 없고 "니 죄를 니가 알렷다!" 그러면 끝나는 거거든요. 그러니 얼마나 겁납니까. 그렇게 무서운 나졸들의 대장이 형조판서 김화진이죠.

그런데 이 양반이 "도대체 나는 천주교 신자는 못 잡겠다."고 말합니다. 나라의 어떤 고관대작도 자신 앞에서는 "목숨만 살려주십시오." 하는데 그들에게 "바른 말 안하면 당장 죽이겠다."고 해도 겁을 먹기는커녕 "어서 죽여주십시오." 하고 기뻐하니까 법이 무용지물이다 이겁니다.

순교자들의 '겸손함'과 '바른 말'이 그동안 세상을 지배해온 원리, '공갈'과 '강압'을 무너뜨린 거죠. 이게 진짜 힘입니다. 바로 원수의 머리를 지지는 사랑의 불꽃이죠.

그런 상황에 여인들이 "나도 국법에 따라 다스림을 받겠습니다." 하니까 벌써부터 질리죠. 관장이 언짢아 모욕적인 태도로 묻습니다.

"네가 믿는다는 하느님이 도대체 어느 책에 적혀 있느냐?"

그 여인들이 대답하죠.

"저는 글을 배우지 못해서 제 이름도 적을 줄 모릅니다."

이러니 관장이 얼마나 더 어처구니 없겠어요. 성현의 가르침으로도 명분있게 설득이 안되는데 글자도 모르는 게 와서 국법 운운하니까 머리 끝까지 화가 나서 "글도 모르는 게 무엇을 안다고 천주를 믿느냐, 너 하느님 본 적 있느냐?" 하며 다그칩니다.

그러니까 이 여인이 겸손하게 "저는 본 적이 없나이다." 이러거든요. "봐라! 글로 아는 게 있느냐, 본 적이 있느냐, 너는 뭘 가지고 믿는다고 큰 소리 치느냐."고 아주 무시합니다.

"나으리, 제가 보지 않았기 때문에 믿지 말아야 할 것으로 말한다면 저는 이 나라의 나라님을 본 적이 없습니다.

그러나 나라님께서 보내셔서 오신 관장님을 보고 저는 나라님이 계신 줄 믿나이다. 세상이 있는 걸 보고 이 세상을 만드신 분을 어찌 믿지 않겠나이까."

그 소리에 관장의 말문이 탁 막히죠. 화가 나니까 벌떡 일어나 큰소리 치죠. "천주교 신자는 모두 입만 살아가지고 말은 잘한다. 너 그렇게 잘 알면 내가 묻겠는데 천주교에서는 천국가는 길은 좁고 지옥가는 길은 넓다고 하는데 맞나?" 하고 묻습니다. 그러니까 이 여인이 "예, 저도 그렇게 듣고 알고 있나이다." 합니다.

그러자 "아녀자인 너까지도 그 좁은 길로 갈 것 뭐 있느냐. 천주교가 사랑을 실천한다면 천당 좀 넓게 너는 양보하고 넓은 길로 가라."고 하며 매우 조소적으로 비꼬죠.

그러자 여인이 그럽니다.

"나으리! 나으리께서는 천 권의 책도 더 읽으셨을 겁니다. 그 많은 책을 읽었기 때문에 나으리의 가슴이 비좁더이까? 천국은 그와 같습니다."

기가 막히죠? 얼마나 대단합니까? 다 대답하고 죽습니다. 그러니까 그 사람들이 증거자인 것입니다.

신유박해와 황사영 백서

오뉴월 찬서리
정순왕후

　순교자들의 훌륭한 증거를 바탕으로 해서 교회가 연명해오고 시대가 바뀝니다. 새 임금이 올라와서 최초의 신유박해가 시작됩니다.

　최초의 전국적인 박해, 신유박해가 시작되는 배경이 있습니다. 정조가 재위 24년 1800년에 승하하시고 난 다음 11세 된 순조가 왕위에 오르자 정순왕후 김씨가 수렴청정을 합니다. 그런데 이 정순왕후라는 여인에게는 한 맺힌 궁중비사가 있습니다.

　정순왕후는 영조의 계비로 들어갔는데 친정에 김구주라는

동생이 있었습니다. 김구주는 영조와 자기누이 사이에 난 아들이 왕위에 올라야 좋을 것 아닙니까. 그런데 돌아가신 왕비의 소생인 세자가 있습니다.

욕심을 실현시키기 위해서는 세자를 모함해야 하는데 멀쩡한 사람을 어떻게 모함합니까. 그러니까 먼저 세자를 옹호하는 외척을 공격하고 결국 세자도 죽게 만듭니다. 그가 그 유명한 뒤주 속에서 숨을 거둔 사도세자이고, 그 세자부인이 〈한중록〉을 쓴 혜경궁 홍씨입니다.

김구주는 혜경궁 홍씨의 친정아버지 홍봉환을 모함해서 귀양을 보내도록 일을 꾸몄는데 이 일이 성사되기 전, 영조의 뒤를 이어 정조가 왕위에 오릅니다. 결국 정순왕후 김기엽의 몸에서 낳은 아들은 왕위에 오르지 못하고 모함해 죽인 사도세자의 아들인 정조가 왕위에 오른 것입니다.

정조가 보통 임금입니까? 김구주의 짓이 폭로되어 오히려 김구주가 귀양을 갑니다. 정순왕후는 자기가 영조의 살아있는 계비인데 동생을 봐주지 않겠느냐고 생각합니다.

그러나 김구주는 흑산도에 귀양을 가서 7년 동안 돌아오지 못합니다. 아무도 그를 동정해주지 않았습니다. 나중에 이 사람이 흑산도에서 나오긴 했지만 거기서 얻은 병으로 죽습니다. 이것이 이 젊은 여인의 가슴에 한으로 맺혀 응어리집니다. 우리나라 속담에 '여인의 한이 오뉴월에 서리 내리게 한다.'는 말이 있습니다. 과연 서리가 내립니다.

정조가 승하하고, 순조가 11세에 왕위에 오르자 이 여인이 5년간 수렴청정을 하면서 자기동생이 귀양가는 데 편들었던 사람들, 그 다음에 자기동생이 귀양가 있는데 풀어주라는 말을 하지 않은 사람들, 사도세자의 죽음에 대해 동정했던 사람들을 전부 때려 잡으려고 명분을 찾습니다.

그들을 살펴보니 천주교 신자들이 있더라 이겁니다. 그래서 사교를 배척한다는 명분으로 천주교를 탄압하면 그 사람들을 죽일 수 있겠다고 착안합니다. 국법을 교묘히 악용해서 자기 동생의 원수를 갚고자 했던 것입니다.

1800년 정조의 인산례장례예절가 끝나자마자 당시 천주교 신자인 최필공을 체포함으로써 신유박해가 시작됩니다. 1801년 1월 20일음력 사학을 엄금하는 교서가 공포됩니다. 이 교서가 공식적인 최초의 천주교 탄압명령입니다. 이걸 '척사윤음' 혹은 '척사윤지'라고도 합니다.

그 내용 속에 '오가작통법'이라는 게 나옵니다. 원래 오가작통법은 농사철에 물 때문에 싸움하지 말고 서로 협력해서 농사를 잘 지을 수 있도록 다섯 집을 한 단위로 해서 저수관개 관리를 하도록 만든 것입니다.

정순왕후는 이 오가작통법을 천주교 신자 색출단위로 삼습니다. "다섯 집안에 천주교 신자가 있으면 밝혀내라, 밝혀내지 않으면 다섯 집을 전부 벌준다."는 거죠. 연대책임을 지워서 상호 감시 고발하게 하는 비인도적 제도입니다.

최초에 발표됐던 척사윤음을 들춰보면 옥새가 찍히고 천주교 탄압이유가 적혀있습니다.

"천주교 신자들이 하는 짓을 보면, 결혼을 하지 않는다고 하니 후손이 없어서 민족이 멸망할 것이고, 또 서로 성씨가 다르고 만난 적이 없는 것들끼리 모여서 남녀반상의 구별없이 형제자매하니 미풍양속이 깨지고 이러다가는 짐승의 세계가 될 것이다. 지방관속은 힘써 이들을 설득해서 더 이상 빠지는 일이 없도록 할 것이고, 그래도 안되면 오가작통을 하여 인륜을 파괴하는 천주교 사학도들을 잡아내라."

어진 성품으로 존경받은 정조도 진산사건이 났을 때 어땠는지 압니까? 진산군을 '윤지충 같은 나쁜 죄인을 낳은 동네'라고 해서 현으로 떨어뜨리고 그때 군수로 있던 신사헌은 고향으로 귀양보내 버립니다. 이렇듯 천주교 신자가 발각되면 원님 목도 날아가는 판이니 많은 경우 잡아서 알리지 않고 죽입니다.

그런 극악한 상황 속에서 천주교 신자들이 시련을 겪습니다. 이 전국적인 탄압으로 주문모 신부, 최필공, 최필재, 이승훈, 정약용, 정약종, 정약전, 이단원, 이가환 등 한국초대교회 지도자들이 모두 귀양을 가거나 죽임을 당하게 됩니다.

홍안의 열일곱 살 소년
벼슬을 마다한 황사영

신유박해 중에 잊지 말아야 될 몇 가지 사건이 있습니다. 정조가 왕위에 오른 지 14년이 되던 1790년, 전국적으로 인재를 등용하고 문예를 장려하기 위해서 과거시험을 봅니다.

옛날에 지조를 지키는 선비들은 임금님이 정치를 잘못하면 산속에 묻혀 정치에 참여하지 않았습니다. 이들을 '사림파'니 '죽림칠현'이니 하고 부르며 그들의 절개를 알아주지요. 정조는 훌륭한 임금이어서 팔도의 선비가 구름처럼 모여들었습니다. 시험장은 선비들로 가득 차고 종일토록 과거시험이 진행되었습니다.

해가 저물고 시관들이 선비들의 답안지를 모아 보다가 시관들의 실력을 넘어서는 명문을 보고 깜짝 놀랍니다. 시관들이 인재를 목마르게 기다리는 임금님께서 얼마나 기뻐하시겠는가 싶어서 이걸 탑전왕의 자리 앞에 올립니다.

정조 임금님이 이걸 보고 감탄합니다. "이렇게 훌륭한 선비가 어찌 그동안 초야에 묻혀 있었단 말인가. 이 선비가 누구인가?" 하고 당장 보고 싶어합니다.

그렇게 훌륭한 답안을 썼다면 사십 세가 넘은 중후한 선비가 나올 줄 알았는데, 나오는 선비를 보니 열일곱 살 먹은 홍안의 소년입니다. 열일곱 살이면 요즘 고등학교 1학년 나이 아닙니까. 임금님이 하도 신기하고 놀라워서 그 소년의 손을 잡고 묻습니다.

"네가 누구냐?"

그 소년은 임금님께 대답하죠.

"저는 창원황씨의 후예로 사영이라 하옵니다. 저의 11대 할아버지가 황침인데 한성판윤을 지내셨습니다. 그 이후 우리 집안에서는 10대 동안 벼슬이 떨어진 적이 없습니다."

한성판윤은 요즘으로 치면 서울특별시장입니다. 명문대가죠. 아버지는 황석범인데 한림학사를 지내다 일찍 돌아가시고, 자기는 유복자로 태어나서 이제 과거에 응하는 것이라고 대답합니다.

정조가 너무 기뻐서 그 재주를 칭찬하면서 "내가 너를 당장 중용하고 싶다. 그러나 나이가 너무 어리니 스무 살이 되면 중용하리라." 하는 약속을 합니다. 장래가 보장된 셈입니다.

그리고 이제 일절 잡념을 버리고 오직 학문에 정진하라고 당부하면서 학비 일체를 하사하겠다고 합니다. 조선시대에 궁중에서 임금님이 마음대로 쓰는 돈을 내탕금이라 하고, 내탕금 가운데 이렇게 선비들에게 하사하는 돈을 급양비라 했습니다. 급양비를 받은 선비는 그 영광이 한몸에 넘쳤죠.

진사시에 급제하여 놀랍게도 중용약속을 받고 급양비 하사의 영광까지 입었는데 그걸로 끝난 게 아니고 더 큰 영광이 있습니다. 그게 뭐냐하면 정조가 그의 손을 잡으신 것이 문제입니다.

조선시대에 궁중에 사는 여인들이 있죠. 그 여인들 중 청소하고 물 길어주고 밥 짓고 하는 아랫것으로 무수리가 있습니다. 궁중 안에서 이들은 고개도 못 들고 열심히 일이나 하는 가장 천한 사람이죠. 그런데 이 무수리도 임금님이 손 한 번 댔다 하면 바로 정2품 숙의의 직품을 받을 수 있습니다.

사람은 말할 것 없고 비오는 날 임금님이 나무 밑에서 비를 그냥 피해가시면 괜찮은데, 그 나무에 손을 대는 날이면 나무도 정2품 벼슬을 합니다. 여러분 '정2품송' 아시죠?

그런데 황사영의 손을 임금님이 잡았거든요. 정2품 숙의는 여자한테 주는 벼슬이니까 그 벼슬은 못 주고 이런 경우를 '어무가 내렸다.'고 합니다.

어무가 내려지면 그때부터 임금님께서 잡은 손에 흰 비단을 감고 띠를 둘러 어무가 내려졌다는 표시를 합니다. 이렇게 하고 나가면 사람들이 길을 비키고 경의를 표해야 됩니다. 어무를 받은 사람의 집앞을 지나갈 때도 경의를 표해야 합니다.

기록에 따르면 황사영은 헌헌장부로 수염이 아름다운 청년이라고 얘기합니다. 이로써 황사영의 이름을 조선팔도에서 모르는 사람이 없고, 서울 장안에서는 황사영의 모습을 먼빛으로 구경이라도 한번 하는 것을 소원하였습니다. 요샛말로 인기 절정이었습니다.

이 천재가 이런 영광을 안고 이제 임금님의 뜻을 받들어 공부합니다. 그가 모신 스승 가운데 조선후기를 대표하는 분이 계셨습니다.

진주목사 정제원은 선정을 베풀어 존경받던 목민관이었습니다. 그분의 슬하에는 아들 넷이 있었습니다. 그 중 제일 막내가 다산 정약용입니다. 조선시대에 가장 뛰어난 학자죠.

그 위의 형님이 정약종입니다. 약종은 우리나라 최초의 평신도 사도직 단체인 명도회 초대회장입니다. 당대 제일가는 교리지식을 가지시고 천주교 전 교리를 알기 쉽도록 한글로 요약한 〈주교요지〉 상하 권 두 권을 쓰신 분입니다. 그리고 정하상과 성녀 정정혜의 부친입니다. 형들인 정약전, 정약현 선생도 모두 훌륭한 선비로 당대를 풍미한 대학자 집안입니다.

황사영이 이 명문대가의 정약종을 스승으로 모십니다. 이것이 인연이 되어 제일 큰형님 정약현의 맏딸 정난주와 혼인을 하게 됩니다. 이 혼배성사를 주문모 신부가 주례하셨습니다.

당대의 대학자가 깊은 천주교 교리를 그 빼어난 황사영에게 가르쳐놨으니 더 말할 것 없죠. 황사영은 그 교리를 다 듣고 영세입교하니 본명이 알렉시오입니다.

영세입교하고부터는 모든 걸 집어치우고 서울에 올라와 1797년에서 98년까지 천주교 교리를 가르치고 다닙니다. 당대 최고 천재가 교리를 완벽하게 다 알고 분명하게 말하였으니 황사영의 설명을 듣고도 못 알아듣는 건 개밖에 없다는 말이 나오기도 했습니다. 기가 막히게 교리를 가르칩니다.

이때도 천주교 박해 중이었습니다. 다른 사람이 이 짓 했으면 벌써 잡혀갔죠. 황사영은 어무가 내려서 아무도 손을 못 댑니다. 그러니까 황사영은 마음놓고 다니면서 2년 동안 교리를 가르칩니다.

참 하느님의 은총이 오묘하죠. 좌포청 우포청의 포졸이 보니 국법을 어기고 있는데 잡을 수는 없고 기가 막힌다 이 말입니다. 그래서 포도청 포졸들이 포장한테 알립니다. 포장이 이 소식을 듣고 고민합니다. 그만큼 임금님의 은혜를 받아놓고 국법을 정면으로 어기고 있으니 말이죠.

그래서 이것을 승정원에 알립니다.

승정원에서는 삼정승이 임금님에게 조심스럽게 알리기로 합니다.

"황사영이 임금님의 하해와 같은 은총을 입고도 천주교를 전파하고 국법을 어기고 있는데 그를 포졸이 잡으려 하나 어무가 내려져서 잡지 못합니다. 임금님의 재가를 바랍니다. 국법을 시행할 수 있게 해주십시오."

정조는 한동안 조용히 생각하다가 "글줄깨나 읽었다는 선비들이 벼슬 한자리를 하려고 파당을 짓고 당파싸움을 일삼고 있는 때에 황사영은 나의 중용 약속을 오히려 가벼이 여기고 소신하는 바를 행하고 있으니 그 인품의 고결함을 알겠다."고 하셨다는 겁니다.

　황사영은 천주교 교리를 알고 난 후부터는 복음을 선포하면서 임금님이 약속해준 현세의 출세 같은 것을 대단치 않게 봅니다.

배론 토굴에서 쓴 황사영 백서

1801년 신유박해가 일어납니다. 황사영이 천주교 신자라는 것은 다 알려진 사실입니다. 사태가 급박해지자 창원황씨 문중에서 회의를 엽니다. 황사영에게 지금이라도 벼슬길에 나가 하늘이 내리신 그 뛰어난 재주를 헛되이 버리지 말고 출세하여 문중을 중흥케 하라는 요구가 간절합니다.

황사영은 깊이 숙고한 끝에 결단을 내립니다. 모든 사람이 칭찬해 마지않던 수염을 깎아 없애고 명문대가의 양반신분을 집어던집니다. 급양비도 사절하고 보장된 출세길도 전부 버리고 신앙생활 하나를 지키기 위해 거지로 변장해서 충북 제천의 배론으로 들어갑니다.

　황사영이 배론 토굴 속에 숨어서 민족복음화와 민족구원을 위해서 주님께 간절한 기도를 드리고 있던 그해 4월 19일 주문모 신부가 순교했다는 소식을 듣습니다. 한국교회가 주문모 신부에 의해서 베이징을 통하여 세계교회와 연결돼 왔는데 이제 세계교회로부터 완전히 동떨어진 어둡고 외진 동네가 될 처지입니다.

　그래서 이분이 한국교회 사정을 알리고 사제를 보내달라는 등의 여러 요구사항을 베이징에다 연락하는 일을 직접 맡기로 결심합니다. 이것은 목숨을 걸어야 할 일이고 또 혼자서는 할 수 없는 일입니다. 그는 함께 할 동지를 구합니다. 이 일에 동조한 사람이 황심, 옥천희 등입니다.

　황사영은 토굴 속에서 중국교회에 보내는 글을 씁니다. 이게 그 유명한 '황사영의 백서'입니다.

　이 편지를 품고 한 달 이상을 부연사 일행 속에서 같이 먹고 자고 걸어가야 하는데 여간 잘 숨기지 않아서는 금방 들통이 나고 맙니다. 그래서 이걸 천에 써서 옷의 안감으로 대어 입고 가서 옷을 찢어 안감에 적혀있는 편지를 전하기로 하죠.

황사영은 가로 62cm, 세로 38cm의 흰 명주 천에다가 붓으로 한 줄에 110자씩 122줄, 모두 13,384자를 잔글씨로 깨알같이 씁니다.

그 글은 "죄인 토마스… 등은 엎드려 눈물로 호소합니다." 하고 시작하여 당시 초기 한국교회 삼십여 명 순교자들의 생생한 순교사실을 기록합니다.

최필공, 이중배의 죽음부터 주문모 신부의 죽음까지 순교 사실을 생생하게 적고, 이어서 우리나라 정치·경제·문화의 현황을 소상하게 사실대로 다 적고 그 끝에 하느님의 사랑을 아는 유럽의 여러 나라들이 이 가난한 우리나라를 도와줘야 한다고 적습니다. 우리 천주교가 아니라 우리나라를 도와달라고 한 그는 애국자입니다.

그리고 박해받고 있는 조선교회의 외로운 사정을 알리면서 신앙의 자유를 얻을 수 있는 그의 개인적인 생각 네 가지를 적고 글을 맺습니다.

그해 10월 이 편지를 중국에 전하려고 옥천희가 동지사 편에 숨어들어 가려다가 출발도 못한 채 국경에서 체포되고 백서도 발각됩니다. 잇따라 그 백서에 서명한 황심이 잡히고, 토굴 속에 있던 황사영도 잡힙니다. 그들은 미리 약속을 했던 겁니다. "만약 잡히면 우리가 숨어있는 곳을 얼른 알려줘라. 우리를 찾다가 딴 교우들까지 다 잡히면 큰일이다." 이렇게 말입니다.

　백서내용이 너무 기가 막혀서, 조선조정이 온통 시련과 혼란에 말려듭니다. 이 백서를 범죄의 증거로 황사영은 사형집행을 당합니다. 조정은 증거로 붙인 이 문서는 결안문結案文과 함께 보관하고, 황사영의 죄가 드러나도록 하기 위해 별도로 923자의 가짜백서를 만들어 그걸 중국에 보고했습니다.
　오랫동안 우리나라에서는 이 가짜백서를 황사영이 쓴 것이라 믿고 "황사영이 죽일 놈이네." 그랬습니다.
　1894년 옛문서 파기 때 문서를 정리하던 한 선비가 이 백서 원문을 발견합니다. 내용을 읽어보니 천주교와 관계된 것이라 천주교 신자인 자기친구에게 말하였고, 그 친구가 이것을 조선교구장인 뮈텔 주교에게 알려 그 유명한 황사영 백서의 전모가 드러나게 되는 것입니다.

　교회는 이 백서를 소중하게 보관하고 있다가 1925년 한국순교복자 79위 시복식 때 예물로 냅니다. 교황청에 보관되어 있는 이 원본 백서는 2001년 신유박해 2백 주년을 기념하여 순교성월 마지막날까지 절두산 순교박물관에 전시가 되기도 했습니다.

　명주 천에 새겨진 원본 황사영 백서를 보면 그의 넋을 느낄 수 있습니다. 여러분, 토굴이 아닌 책상 위에서 전등을 켜고, 천이 아닌 종이에, 붓이 아닌 수성사인펜으로 흉내라도 내보라고 한다면 할 수 있겠습니까?
　한 자도 틀림이 없을 뿐만 아니라 단 한 자도 약자를 쓰지 않았습니다. 황사영은 하느님으로부터 받은 모든 재능을 오직 하느님 사업에 전력투구하고 돌아가신 것입니다.
　황사영이 하느님을 바로 모시기 위해서 그가 누릴 수 있었던 것을 얼마나 버렸는가를 생각해봅시다. 11대 명문대가의 양반 신분과 그가 누리던 부를 버렸죠, 임금님이 허락해주었던 출세의 길도 버렸습니다. 급양비도 버리고 명예도 버리고 모든 사람이 칭찬했던 그 수려한 외모까지 버렸습니다.

　그렇다면 오늘 이 시대를 살고 있는 한국천주교 신자들이 하느님을 바로 받아들이기 위해서 뭘 버리고 있는가, 얼마만큼 버리고 있는가, 황사영이 버린 것의 몇 분의 일이라도 버릴 수 있는가! 그것이 오늘을 사는 나의, 우리의 과제인 것입니다.

조선 조정이 만든 가짜 백서

황사영이 토굴에서 잡힐 때 그 심정을 한번 생각해보십시오. 스물일곱의 젊은 나이에 모든 것을 버리고 교회를 위해서 마지막 결단을 내려야 하는 그의 각오가 얼마나 비장했겠어요. 그런데 그 꿈을 실현도 못하고 잡혀갈 때 그 좌절과 아픔을 생각해보십시오. 그가 순교한 모습에 대해서 우리에게 전해지는 내용은 아주 간결합니다.

"그의 죽음은 장엄하여 보는 사람으로 하여금 숙연케 했다."

그가 쓴 백서 때문에 조정에서는 전무후무한 고뇌를 겪습니다. 왜냐하면 조선의 3대 국시 중 하나인 사대교린 정책으로 섬겨온 중국인데 주문모 신부가 중국사람 아닙니까. 잡아죽일 때는 미처 그 생각을 못했는데 막상 황사영의 백서를 보니 큰일났거든요.

주요대목 중에 한국의 정치·경제·문화 현실과 순교자 약전이 다 적혀있습니다. 그 순교자 약전 속에 주문모 신부의 순교 사실도 분명히 적혀 있거든요.

조정에서는 황사영의 백서가 중국에 전해지기 전에 잡았으니 다행이지만 이전에 이런 글이 또 없었다고 어떻게 장담하느냐고 기겁을 합니다.

이전에 이런 글이 중국에 건너갔다면 우리가 아무 소리 안하고 있다가는 중국한테 크게 미움을 살 것이다. 그러니 중국에서 진노하기 전에 우리 스스로 가서 주문모 신부를 부득이 죽였다는 사실을 말하자고 합니다.

일부 대신들은 그것도 옳은 말이지만, 국경을 그만큼 철통같이 지켰고 백서도 지금 우리 손에 있는데 중국에서 전혀 모르고 있는 일을 괜히 건드려서 화를 부르면 어떡하느냐고 염려합니다. 그래서 알리자, 알리지 말자로 논쟁이 붙습니다.

마지막 결론은 설사 현재 중국이 모르고 있다 하더라도 그걸 믿고 말을 안했다가 나중에 알게 되어 당할 변을 생각한다면 미리 알리는 게 낫지 않으냐, 또 이미 알고 있다면 빨리 수습해야 되는 것 아니냐 그래서 사신을 파견하기로 합니다.

주문모 신부를 죽이게 된 경위를 말하면서 황사영 얘기를 안 할 수 없습니다. 그런데 백서를 그대로 들고 가면 정부가 잘못한 게 거기 다 적혀 있는데 창피스러워 도저히 못 내놓습니다.

그래서 황사영 백서의 안작을 만듭니다. 가짜백서를 '거짓 안'자를 써서 안작이라 합니다. 923자로 된 가짜백서를 당시 동부승지로 있던 이만수라는 사람이 만드는데 황사영처럼 유려하게는 못 쓰지만 깨알같이 쓴 글씨를 그대로 흉내내고, 황사영이 사용한 어법을 그대로 따라 적습니다.

조정에 불리한 것은 다 빼버리고, 천주교 자유를 청나라 황제를 통해서 얻자든가 하는 청나라의 조선 감호책이나 종주권 발동에 관한 원래내용은 완전히 삭제합니다.

국경에 점포를 차려서 외적으로 장사하는 척하면서 정보를 얻자든가, 맨 마지막에 이도 저도 안될 때는 프랑스함대를 불러와서 우리나라 국왕을 위협해서 자유를 얻자든가 하는 서양선박 요청사실과 월경통신 사실을 두 개의 흉악한 계획이라 지적합니다.

그 다음에 부득이 주문모 신부를 죽인 까닭을 설명하는데 천주교가 들어와서 폐해가 많았다는 말을 써야 될 것 아닙니까. 그래서 안작백서와 함께 '토사주문'이라는 사교를 징벌한 내용, 그 사실을 밝히는 글을 따로 만들어 부연사 일행을 중국에 파견합니다.

그런데 중국정부에 쓴 글이 아니꼬울 정도로 아양을 떨고 있습니다. "부득이 죽였나이다… 조선사람인 줄로만 알았습니다… 우리는 그동안 중국을 하늘같이 모셨나이다… 앞으로도 그렇게 모실 것이며…." 하며 부끄러울 정도로 썼습니다. 황사영 백서가 민족적인 반역이라더니 중국에 그렇게 아부한 그 글이 오히려 민족적인 반역이죠.

어쨌든 중국으로부터 별 신통한 말을 못 듣습니다. 조정에서도 기분이 개운하질 못합니다. 그런 상태에서 신자들을 계속 잡아죽일 수 없죠. 그들 스스로가 사람 잡아죽이는 데 지칩니다. 웃으면서 죽어가고 당당히 죽어가고, 믿는 바 신앙을 큰 소리로 고백하면서 죽어가니까 감당을 못한 거죠.

'토사주문'이 중국에 천주교를 박해하는 까닭을 적어 보낸 글이라면, '토사교문'이라는 것도 있는데 그것은 우리 백성들에게 천주교를 무엇 때문에 탄압했는지 그 이유를 알리고, 지금부터는 천주교 신자 중에서 이미 잡힌 사람은 법에 따라 처리하되 안 잡힌 사람을 색출해서 잡지는 말라고 내린 명령입니다.

그해 10월 이 토사교문이 내려지고 박해가 조금은 진정되는데 그렇다고 해서 박해가 없다고 알면 안되죠. 일부러 색출해서 잡지는 않아도 천주교 신자인 것을 만인이 아는 데 안 잡을 도리가 없죠.

1801년의 순교는 한국교회에 큰 영향을 미칩니다. 이때 죽어간 신자들의 모습을 보고 오히려 많은 새 교우들이 천주교로 들어왔습니다. 그러니까 순교자의 피가 신앙의 씨앗이 된 겁니다.

순교자의 후예들은 어디에
황사영, 김범우, 이윤일의 후예들

황사영이 순교할 때 나이가 스물일곱입니다. 당시 황사영의 죄상이 너무 크다고 해서 연좌법에 따라 그 가족이 전부 처벌을 받습니다.

숙부 황석필은 함경도 경흥에 부처되고, 칠십이 넘은 어머니는 관노가 되어 거제도로 보내집니다. 십대 명문대가의 귀부인이 하루아침에 노예가 되는 겁니다.

정약현의 맏딸이자 황사영의 부인 정난주정명련 마리아 역시 제주도로 귀양갑니다. 금지옥엽으로 자란 귀부인이 관노로 끌려가면서도 신앙을 버리지 않습니다.

이때 황사영과 정난주 사이에 두 살 먹은 젖먹이가 있었습니다. 황경한이죠. 아들을 모정으로 데려가면 그 아들이 관노가 된다는 사실에 가슴 아파합니다.

정난주는 제주도로 끌려가는 목선에서 포악한 포졸들에게 눈물로 호소하여 추자도에 배를 대게 합니다. 그리고 두 살배기 어린 걸 버리는 게 걸리지만, 아기의 옷섶에 황사영의 아들 황경한이라고 적어 추자도 예초리 서남단에 있는 산기슭에다 버리고 다시 배를 타고 제주도로 들어갑니다.

이튿날 한 농부의 아내가 이른 아침에 밭에 나가다가 이 어린애를 발견하죠. 농부는 옷섶에 적혀있는 걸 보고 황사영의 아들인 줄 압니다. 황사영이 너무 유명하니까 그 영광과 고통 또한 잘 알지요. 농부 오씨는 참 용감하고 어진 사람입니다. 이를 그냥두면 발각이 될까 걱정해서 그날로 자기 아들로 삼아 숨겨서 기릅니다. 추자도 예초리에서 자란 그 아들은 그 후 목천으로 옮겨갑니다.

황사영의 후손은 목천에서 4대까지 살았습니다. 4대째 되는 손자가 스무 살이 되던 해가 일제시대여서 징용을 마구 끌고 갈 때입니다. 4대손은 그걸 피해 일본으로 건너가고 그의 아들, 황사영의 5대손이 도쿄에서 외국어연수학원 원장으로 지내다가 지금은 작고했습니다.

우리는 이 사실을 신유박해 2백 주년을 기해서 순교자의 후손을 찾다가 알게 되었습니다.

그런 뒷얘기가 나온 김에 몇 가지 더 소개해드리자면, 달레 신부가 말한 조선최초의 순교자는 김범우죠. 김범우의 후예가 어디 사는가를 족보를 가지고 찾았습니다.

그 후예 중 한 사람이 부산 자갈치시장에 상점을 제법 참하게 차려놓고 삽니다. 그래서 찾아가서 "당신이 김범우 선생의 후예요?" 그러니까 "내가 그렇습니까? 우리 조상의 이름까지 내가 어떻게 다 압니까?" 하는 겁니다. 그래서 보통 조상이 아니고 한국천주교의 설립자 중 한 분이라고 하니까, "아이고, 천주교에 공로가 많네요." 하고 상세한 얘기를 듣고 나서 이 양반이 감동해서 영세입교했다고 알고 있습니다. 이런 후예들 얘기가 많습니다.

103위 순교자 중 1번이 김대건 신부이고 103번이 이윤일 요한입니다. 이분은 대구에서 순교했는데 2백 주년 때 제가 아무리 이분의 족보를 찾아도 없어요. 후예가 한 명 경기도 지방

묵리 근처에서 산다고 해서 밤새도록 찾아다녔습니다.

형편없는 초가에 아주 소박하게 사는 한 농부를 만났는데, "당신의 조상이 성인 이윤일이라는 것을 아십니까?" 하고 물었더니 "알고 있지요. 영광스럽게 생각합니다."라고 대답했어요. 아주 열심인 신자였습니다.

천주교 신자들이 국법을 어겨서 벌을 받게 되면 연좌제에 걸려서 그 가족들이 몰살당할 위험이 있었습니다. 그래서 그 위험을 막으려고 문중에서는 미리 그들의 이름을 족보에서 없애 버립니다. 그래서 참 순교자들의 이름은 거의 족보에서 확인하지 못하는 어려움이 있습니다.

온 세상에서 가장 아름다운 이야기

예쁜 것도 싫어한 여인
권데레사

　이번 얘기의 중심은 유중철과 그의 아내 이루갈다입니다. 유중철은 전라도 지방에서 힘차게 천주교를 전교한 사도 유항검의 아들입니다.
　이루갈다의 아버지는 이윤하인데 천주교에 대해서 모르는 분이지만, 양녕대군의 후손으로 〈지봉유설〉을 집필하여 〈천주실의〉를 우리나라에 최초로 소개했던 이수광의 8대손입니다. 그러니까 이윤하는 왕손인 거죠.
　이윤하의 부인 권데레사는 바로 권일신의 여동생이죠. 그러니 이분이 얼마나 열심인 천주교 신자겠습니까. 이루갈다는 그 어머니로부터 가르침을 받으며 자랍니다. 권데레사는 명문대가 권씨가문에서 태어났는데 재주도 뛰어나고 미모도 출중합니다.

사람들이 이세상에서 제일 좋아하는 게 아름답고 재주 뛰어난 것이죠? 그런데 이분은 세상에서 알아주는 그 점들을 중시하지 않고 오히려 예쁘고 머리 좋은 것은 영성적으로 도움이 안된다고 싫어합니다. 그렇게 영적인 삶을 살았기 때문에 자녀들이 훌륭하게 큽니다.

이루갈다의 아버지가 일찍 돌아가시고 권데레사는 과부가 되어 일곱이나 되는 자녀들을 기릅니다. 영적인 풍성함으로 자식들을 종교적으로 열심히 교육시켰죠. 특히 이루갈다는 아름답게 자랍니다.

그러던 어느날 성사를 주시기 위해 주문모 신부가 오시죠. 마을의 모든 신자들이 성체성사를 준비합니다. 그때 이루갈다는 열네 살밖에 안되니까 성체성사를 줄 수 없다고 합니다.

요즘과 달리 교리를 배울 기회가 없던 그때 성사의 의미를 모르고 성사를 볼 수는 없다 하여 첫영성체를 적어도 열여섯 살은 넘어야 시켰습니다. 그 소식을 듣고 너무나 슬퍼서 이루갈다는 사흘간 단식기도를 합니다.

이루갈다는 이미 성체성사의 의미를 알고 있었고 그만큼 성체성사에 대한 열의가 있었습니다. 사흘째 단식을 하면서도 '나는 성체성사를 받고 싶어서 단식한다.'는 소리를 일절 하지 않습니다.

그런데 어머니는 딸이 왜 그렇게 단식하는지 짐작하죠. 그래서 이루갈다의 오라버니 이경도가 주문모 신부에게 말씀드렸고 주문모 신부가 그 사실을 알고 특별히 이루갈다에게 성체성사를 할 수 있도록 허락합니다.

열네 살의 어린 이루갈다는 기쁨에 넘쳐 첫영성체를 하고 난 다음, '나에게 오신 예수님, 내 몸과 일치한 예수님, 그 예수님을 어떤 경우라도 더럽힐 수 없습니다.'는 묵상을 합니다.

이 묵상은 자신을 동정으로 바치겠다는 결심으로 연결됩니다. 다시 말하자면 첫영성체의 기쁨과 첫영성체의 의미를 지키기 위해서 동정을 결심한 거죠. 그리고 동정을 결심한 걸 누구에게 쉽사리 말하지 않습니다.

영성이 깊은 어머니가 딸의 뜻을 짐작하고 이 사실을 주문모 신부에게 알립니다. 그때 결혼을 안한다는 건 상상도 못할 일이어서 그 뜻은 모두가 가상히 여겼지만 순결을 지킬 수 있으리라고 믿었던 사람은 아무도 없었습니다.

기록에 그런 표현이 나오는 건 아닙니다만, 주문모 신부는 그 뜻을 다만 짐작하고 가능하면 지키고, 지키지 못해도 아무 잘못이 없을 방법을 마련합니다. 그 방법이 뭐냐, 호남의 사도인 유항검의 아들 유중철과 결혼시키는 겁니다. 그렇지만 유중철은 이루갈다의 결심을 아직 모르죠.

1791년 윤지충이 죽을 때 선각자 선비들은 거의 천주교를 떠납니다. 신앙심 깊었던 선비들만 선비의 대접을 포기하고 남습니다. 따라서 유항검은 지방의 한 양반일 뿐 서울의 세도있는 양반은 아니었습니다.

그런 집안의 아들과 왕손의 후예가 결혼한다는 건 도저히 격이 안 맞습니다. 그래서 이윤하 집안에서 적극 반대합니다. 문중의 어른들이 갓 쓰고 도포입고 찾아와 반대할 때 권데레사는 매우 현명하게 처신합니다.

"남편이 일찍 돌아가서 살기가 매우 어려운데 왕손의 체통은 지켜야겠기에 빚을 많이 졌습니다. 빚을 갚을 도리가 없어 부잣집과 사돈을 맺고 그 덕을 좀 보려고 했으나 집안 어르신들이 안된다고 하시면 혼인하지 않겠습니다."라고 말합니다. 집안 어른들이 할 말이 없습니다.

이렇게 해서 결혼이 이루어졌죠. 결혼한 다음 아무도 이루갈다의 동정 여부에 관심을 안 가진 것 같습니다. 순결을 결심했지만 혼배성사를 했으니까 별로 기대를 하지 않았겠죠. 그런데 이들이 순결을 지켰다는 사실이 1801년 신유박해가 시작되면서 밝혀집니다.

이루갈다는 말할 수 없는 온유함으로 시집에서, 많은 곁식구와 함께 살면서 어떤 불화도 일어나지 않게 하였습니다. 이루갈다는 유항검 집안의 꽃이었을 뿐 아니라 그 마을의 향기였다고 합니다.

동정을 지켜준 남편
유중철

그러던 어느 날 유항검이 잡혀가죠. 이때 맏아들 유중철도 함께 잡혀갑니다. 이루갈다의 입장에서는 시아버지와 남편이 한꺼번에 잡혀 들어간 거죠. 서울 쪽에서도 천주교 박해가 시작되어 이루갈다의 오라버니 이경도가 잡혀 들어갑니다.

이루갈다는 이중으로 걱정을 하면서 특히 남편 유중철 때문에 가슴을 태웁니다. 왜냐하면 비교적 넉넉한 집안에서 고생이라고는 모르고 산 남편이 옥중에서 조금만 고통스러워도 신앙을 못 지킬까봐 이걸 눈물겹게 걱정합니다.

그러던 중에 무엇 때문인지 유항검과 아들을 잡아넣은 관청에서 난데없이 찾아와 시어머니, 딸들, 이루갈다와 다른 식구들까지 몽땅 다 잡아갑니다. 그 날짜가 분명하진 않지만 1801년 9월인데 유중철이 순교하기 하루나 이틀 전입니다.

옥에 갇혀있는 오라버니와 또 잡혀간 딸 때문에 가장 걱정이 클 친정어머니의 마음을 위로하려고 이루갈다는 잡혀 들어간 그날로 편지 한 통을 씁니다.
"죽음을 앞둔 옥중에서 이제 다시는 더 어머니께 효도할 수 없음에 어찌 인간으로서 한점 마음 아픔이 없겠습니까." 하고 시작합니다. 그러면서 어머니를 위로하죠.
"어머니 걱정하지 마십시오. 내 비록 아무것도 이룬 것이 없으나 하느님의 은총으로 순교의 영광을 입는다면 어머니는 순교자의 어머니가 되니 훌륭한 딸을 두신 게 되지 않습니까. 주께서 주신 것을 주께서 거두어 가시는데 인간의 정으로 제가 죽는 것을 너무 슬퍼하시는 것은 천주교 신자로서 마땅한 도리가 아닌 줄 압니다. 그러니 슬퍼하지 마시고 오히려 기뻐해 주십시오."
열네 살에 첫영성체를 하고 열여섯 살 어린나이에 결혼했으니까 성사라고는 첫영성체와 혼배성사, 두 번밖에 받지 못한 나이 어린 여자의 붓 끝에서 어쩌면 이렇게 기가 막힌 소리가 나올 수 있는 것입니까.

그렇게 어머니를 위로하고 나서 옥중에 있는 자기자신에 관해서 얘기합니다. 이루갈다가 옥중에서 편지 쓸 때가 나이 스무 살입니다.

"4년 전 어머니 슬하를 떠나올 때, 순결을 지키겠노라고 굳게 마음먹었던 바를 신랑이 받아들여주지 않을까 몹시 걱정했습니다. 저는 초경9시에 신방에 들었고 10시쯤 요한이 방에 들어왔습니다. 나는 몹시 떨리는 심정으로 요한에게 동정을 지키자고 얘기했는데, 놀랍게도 요한은 '참 장한 결정을 하셨습니다.' 하며 즉시 받아들였습니다.

그렇게 약속한 그날부터 요한은 저에게 '부인'이라 부르지 않고 '누이'라 부르며 자기 자신도 오빠처럼 행동했습니다. 이후 우리 부부는 4년 동안 결혼생활을 하면서 하느님의 은총으로 순결을 지킬 수 있었습니다. 두어 차례 정말 혹독하고도 아슬아슬한 유혹이 있어 하느님께 성령을 달라고 기도했습니다. 그리고 성령의 은총으로 승리를 얻었습니다. 우리는 그 고비를 넘기고 나서 다시는 그런 유혹을 받지 않으며 우리의 순결을 지킬 수 있었습니다."

이 편지가 죽음을 앞두고 묻지도 않았고 말하지 않아도 될 일을 그것도 친정어머니에게 말하고 있는데 거짓이라고 볼 이유가 없죠. 편지의 끝은 이렇습니다.

"순결을 지킨 것만으로도 하느님의 은총으로 기뻐할 터인데 이번 기회에 순교마저 할 수 있다면 이 얼마나 기쁜 일입니까. 주님의 영광을 찬미합니다."

온 세상에서 가장 아름다운 이야기
이루갈다의 사랑과 믿음, 그리고 순결

1801년 9월 어느 날 이루갈다와 함께 잡혀와 옥에 갇혀있던 사촌시동생 유중성을 포졸이 데리고 나갑니다. 이루갈다가 깜짝 놀라 묻습니다.

"왜 데리고 나가는 겁니까?"

그러자 포졸이 "사내아이니 남정네들이 있는 옥으로 옮기는 거요." 합니다. 그 소리를 듣고 이루갈다는 황망 중에 유중성의 손을 잡고 부탁을 합니다. 남자들 옥에 가서 사촌형 요한을 만나거든 어떤 일이 있더라도 마음을 굳게 먹고 한날한시에 죽기를 원한다는 말을 꼭 전해달라고 합니다.

이루갈다는 남편 요한이 옥에 갇힌 뒤 함께 순교하기를 다짐하고자 했으나 만날 수가 없었습니다. 그래서 사촌시동생에게 그렇게 전하려 했던 것입니다.

이루갈다는 옥중에서 매 맞고 상처났지만 자신의 고통에 대해서는 한마디도 없습니다. 오직 남편이 배교하지 않기만을 간절히 바라며 염려합니다. 이루갈다가 그토록 염려하며 기도하던 그때, 남편 유중철 요한은 시아버지 유항검과 함께 순교합니다.

옥중에서 남편의 죽음도 모른 채 간절히 기도하던 이루갈다에게 마침내 남편의 순교소식이 전해집니다. 이루갈다는 충격 속에 놀랍고 염려하던 심정의 미묘한 변화를 간결하고도 차분하게 적고 있습니다.

"나는 그 소식을 듣는 순간 인간으로서의 슬픔보다는 요한의 행복이 기뻤다. 옥중 고통을 더 안 겪고 죽었다는 행복이 기뻤다. 그러나 그 순간이 지나고 난 다음에 나는 다시 걱정을 하기 시작했다. 혹시 배교하지 않았는지, 그 짧은 순간에 어떤 준비가 됐는지…."

그래서 주님께 기도를 하지요.

"오 주여! 그 짧은 순간에 그는 어떻게 죽음을 준비했습니까? 그 준비는 완벽했습니까?"

그걸 기도합니다. 그러나 불안에 떱니다. 고생을 안해봤던 사람이 변절을 하지는 않았는지, 옳게 죽었는지 그걸 견딜 수가 없어서 걷잡을 수 없는 고뇌에 빠집니다.

저녁 때가 되어 죽은 유중철의 유품을 전달받죠. 이루갈다가 그 유품을 뒤지다 쪽지 하나를 발견합니다.

"누이여! 나는 그대를 위로하며 격려하노라! 우리 천국에서 다시 만납시다."

급히 흘려 쓴 남편의 낯익은 글씨였습니다. 이루갈다는 감격합니다. 내가 남편을 위해 기도했던 그때 그는 오히려 나를 위로하며 격려했던가. 주님께 감사하며 남편의 일생을 회고합니다. 그 글 끝에 이런 말이 나옵니다.

"천지간에 어디를 돌아봐도 내 마음을 잡을 어떤 것도 이 세상에는 없다. 이제는 생각이 하나 떠올라도 그것은 하느님께 대한 생각이고 숨을 한번 쉬어도 그것은 주님을 위한 호흡일 것이다."

천주교 신자가 사형되고 나면 연좌법에 따라 남아있는 식구는 귀양을 가야 합니다. 지금까지 순결을 지키고 살아왔는데 관노가 되면 그때부터 사람대접을 못 받게 됩니다. 노예가 정조가 어디 있고 뭐가 지켜지겠습니까. 이루갈다는 그게 다급합니다.

그래서 관청에 항거합니다. "나를 죄인의 가솔로 취급하지 마십시오. 나도 천주교 신자입니다. 죄인인 나를 국법으로 다스리지 않는다면 당신들이 태만한 것입니다."고 말합니다.

그래도 관청에서는 아랑곳하지 않고 관노로 결정내버립니다. 그때 유항검의 부인 말고 형수 두 분은 별 상관없는 사람들이라는 이유로, 시집간 딸은 출가외인이라는 이유로 내보내줍니다.

시어머니와 이루갈다가 관노로 끌려가는 길입니다. 이루갈다가 무척 고심하면서 항거를 해도 무시당하는데 가는 도중 3일 만에 무슨 일인지 관청에서 쫓아와 도로 잡아갑니다.

이루갈다는 천주께 감사합니다. 보통사람 같으면 관속이 와서 잡아가면 또 죽었다 싶어 "살려주십시오!" 할 판인데 이루갈다는 이렇게 된 걸 깊이 기뻐하면서 도로 옥 속에 들어갑니다. 다시 옥에 들어와 어머니에게 쓴 두 번째 편지에 이런 기쁨이 나타납니다.

"어머니는 벽동에 사는 관노의 어머니가 될 뻔 했는데 이제 순교자의 어머니가 될 수 있으니 기뻐해주세요."

그때 끌려갔던 곳이 벽동이었거든요. 이건 기막힌 영적 수준이 아니고는 도저히 할 수 없는 말이죠. 전혀 장황하지도 않습니다.

장미향기와 함께 하늘로

옥중에서 순교하기 전까지 어머니와 올케언니오라버니 이경도의 부인에게 보낸 편지를 보면, 이루갈다의 가족이 전주 옥중에 잡혀갔을 때가 9월 보름이라 달이 그렇게 밝았다고 합니다.

옥 창살로 달빛은 하염없이 비추어오는데 이 가족은 기진하여 서로 바라볼 뿐 아무 말도 할 수가 없었습니다. 견딜 수 없는 적막한 밤에 다섯 식구는 그 깊은 침묵을 깨고 제각기 말을 꺼냅니다. 서로의 소원이 순교임을 확인하고 순교를 굳게 다짐합니다. 이러한 다짐은 그 어느 때보다도 친밀감과 일체감, 행복감을 느끼게 했다고 합니다.

그리고 이루갈다가 남아있는 어머니를 위해 올케언니에게 쓴 위로와 부탁의 글에는 굳은 신앙심과 섬세한 마음이 절절합니다.

"우리 새언니, 오라버니가 사형을 당하여 세상을 떠나게 되거든 너무 슬퍼하지 말고 조용한 마음으로 천주께 그 은혜를 감사하세요. 천주께서는 높은 곳에서 언니를 붙들어주시고 어려움 속에서 언니를 도와주실 겁니다. 부부는 일신이니 한쪽이 천국에 올라가면 다른 쪽도 쉽게 그리로 인도할 겁니다. 제가 이제 효성의 아무런 자취도 남기지 않은 채 떠날 단계에 이르러 언니께 어머니를 천만번 부탁드립니다. 자주 어머니의 흐려진 총명을 일깨워주시고, 잘못이 있으시거든 그것을 명랑하게 말씀드려 주셔요."

옥중에 함께 있던 시어머니가 남편과 아들이 죽고 아홉 살, 여섯 살, 세 살배기 어린것들마저 한번도 경험하지 못했던 관노가 되어서 뿔뿔이 흩어지는 모습을 두고 마음이 흔들리자 굳세게 타이르면서 순교의 길까지 걸어가게 하던 이루갈다의 그 열정은 우리를 감탄하게 합니다.

이루갈다는 식구들과 함께 1802년에 숲정이에서 순교합니다. 형장에서 망나니가 관례대로 그들의 옷을 벗기려 하자 이루갈다는 매우 정숙하고 품위있는 몇 마디 말로 그를 물리치고 스스로 웃옷을 벗고 머리를 조용히 단두대에 놓습니다. 이렇게 이루갈다는 세속적으로도 온전히 순결을 지킬 수 있게 됩니다.

순교한 그 뒷모습을 본 사람들이 그의 시신이 너무나 아름다웠다고 전하는데 그가 가지고 있던 대바구니 속의 소지품에서 너무나 아름다운 향기가 났다고 그래요.

뮈텔 주교가 조선교구장으로 왔을 때에 이 얘기가 하도 계속되니까 그 향기를 맡아본 사람들을 찾아 조사합니다. 모두들 표현할 수 없는 향기라고 대답합니다. 그래서 뮈텔 주교가 여러 가지 향을 맡아 보도록 하여 묘사한 모든 내용들을 종합해 보니 장미향기와 가장 비슷했다고 합니다.

한국초대순교자들의 그 당당하고 의연한 죽음 어느 하나 가슴을 치지 않는 것이 없습니다만 이루갈다의 순교는 너무나 거룩하고 아름다워서 강의를 할 때마다 전율을 느낍니다.

달레 신부는 그가 쓴 교회사에서 이 대목을 두고 사랑과 믿음과 순결에 있어서 이보다 더 아름다운 이야기는 전세계 어디에도 없다고 감탄했습니다.

세계교회 역사상 부부로서 동정을 지키고 순교한 예는 우리나라밖에 없습니다. 우리나라에는 널리 알려진 이루갈다 부부뿐 아니라 조숙 동정부부도 계십니다.

나는 우리 시대에 청소년들의 성문제, 미혼모 문제가 있을 때마다 이루갈다 순교자께 전구하고 또 이루갈다 이야기를 들려주고 싶습니다.

노래산 교우촌의 손님
배교자 전치수

　최초의 전국적인 박해인 병인박해로 우리 역사는 역류되고 초대교회 공로자들은 한 사람도 남김없이 다 죽게 됩니다. 한국에 오신 최초의 사제 주문모 신부가 6년 동안 사목하고 1801년 순교하신 뒤에 이 땅에 다시 신부가 들어오신 해가 파치피코 유방제 신부가 들어오신 1834년입니다.

　그 사이 33년 동안 단 한 분의 사제도 없는 한국교회가 박해를 겪으면서 오늘의 신앙을 지켜낸 기막힌 순교사가 전개됩니다. 시대적으로 박해시기가 정조시대에서 순조시대로 넘어갑니다.

남아있는 신자들은 심산유곡으로 들어가 신앙생활을 이어가고 한국교회는 목자 없는 33년간 세계교회사에서 잊혀진 동토가 되고 맙니다. 그 속에서 제2세대들에 의해 사제영입운동이 또 처절하게 전개됩니다.

그럼 이때 세계교회는 한국교회를 과연 완전히 잊었는가? 그렇지는 않지요. 그토록 한국교회를 걱정하던 베이징 구베아 주교가 돌아가시고 그 후임으로 온 사라이바 주교가 1827년경에 두 분의 사제를 한국에 파견합니다.

세계교회가 이렇게 한국교회에 와서 문을 두드렸지만 열리지 않았습니다. 기가 막히게도 한국교회는 이때 박해 속에 휘말려서 그 사제들을 영입할 능력이 없었습니다. 조선의 신자들을 만나지 못했던 두 신부는 국경에서 병을 얻어 한 분은 돌아가시고 한 분은 난징南京으로 되돌아갈 수밖에 없었습니다.

한국교회는 33년의 적막함 속에서 이제 죽음과 투쟁을 하는데 이 과정에서 두 가지 큰 일이 벌어집니다. 하나는 사제영입운동으로 이루게 되는 교구창설이고 또 하나는 그 역경 속에 끊임없이 일어나고 있는 지방박해들입니다.

그 많은 지방박해 가운데 1815년의 경상도 박해에 대해서 잠깐 살펴보겠습니다.

1801년 최초의 전국적 박해로 신자들이 도시에 살 수 없게 됐습니다. 그들은 한강줄기를 타고 산악으로 피했다가 태백산 줄기를 타고 내려옵니다. 그리고 소백산줄기를 타고 전라도로 가서 깊은 산속에 교우촌을 만들어 삽니다. 이렇게 단절된 마을에서 살았기 때문에 우리 역사의 이면에 숨겨질 수밖에 없지요.

그런데 1815년의 박해로 인해 태백산맥을 타고 내려온 경상도 북부지역의 박해가 관변 측 조사로 밝혀지면서 경상도 지역교회가 내려온 유래를 알 수 있게 됩니다.

이 박해를 알기 위해서는 먼저 1814년의 우리나라 상황을 알아야 합니다.

승정원 일기와 규장각 문서 그리고 조선조실록에는 똑같이 '1814년 7월과 8월에 한없이 비가 내려 홍수가 졌다. 전국이 흉년이 들어 먹을 것이 없게 되었다. 민심은 흉흉해지고 굶어죽는 사람이 길가에 즐비했다.'라고 기록되어 있습니다.

마을에서 사는 사람들도 굶어죽는 지경인데 심산유곡에서 풀뿌리, 나무껍질을 먹고 사는 교우들은 오죽했겠습니까? 그런데 묘하게 거의 죽지 않고 살아남았다고 합니다. 참으로 불가사의한 일이지요. 그 이유는 신자들이 복음대로 살았기 때문이라고 봅니다. 풀뿌리 하나가 있더라도 나누어 먹었던 겁니다.

이런 상황 속에서 청송 노래산 깊숙한 산골에 교우촌이 하나 형성되어 있었는데 거기에 전치수라는 사람이 나타납니다. 와서 먹을 것을 청합니다. 깊은 산속의 교우촌을 전치수가 어떻게 알았겠습니까? 교우니까 아는 거지요.

민심이 흉흉하고 얻어먹을 것이 없는 전국적인 흉년 속에서도 노래산 교우들은 복음정신대로 이 전치수에게 풀뿌리를 나누어줍니다.

전치수는 그것을 시작으로 경상도 북부지대에 있는 교우촌을 중심으로 청송 노래산, 상주 모랫골, 진보 머루산, 우련밭, 곧은정 일대를 돌아다니면서 1년 동안 잘 얻어먹습니다.

1814년이 저물어갑니다. 겨울이 오고 눈이 덮이지요. 청송 노래산에도 흰 눈이 덮이고 풀뿌리도 이제 캘 수 없게 되었습니다. 더는 얻어먹을 것이 없다는 사실을 누구보다 전치수가 잘 알지요.

이때 전치수는 자기가 살길을 찾아냅니다. 그는 지금까지 그를 따뜻이 대접해줬던 노래산 교우촌을 안동관아에 밀고하고 보상금을 타먹습니다.

안동관아에서는 이 밀고를 받고 바로 가서 잡지 않습니다. 관청이 예나 지금이나 허술한 곳은 아니지요. 천주교 신자를 일망타진할 계획을 세웁니다.

천주교 신자들이 평소에는 생계유지를 위해 숯을 구우러 가거나 옹기그릇을 구우러 가거나 이웃 교우촌과 연락을 하러 가고 한 곳에 모이지 못하지만 큰 축일이 되면 반드시 같이 모여서 기도한다는 사실을 알고, 밀고 받은 날로부터 가장 가까운 축일을 알아냅니다.

그날이 1815년 음력 2월 22일, 바로 예수부활 전야입니다. 노래산 신자들이 이때 다 모일 것을 짐작하고 그날 밤에 안동관아의 포졸들은 노래산을 철통같이 포위하고 기다립니다.

아무것도 모르는 신자들은 굶주림 속에서도 부활의 기쁨을 나누기 위해 눈 덮인 산에서 부활찬미경을 함께 읊고 비록 하잘것없지만 먹을 것들을 있는대로 준비해 잔치를 벌이려 합니다. 밤이 깊어 그들이 모여 앉아 기도를 하기 시작했습니다.

그때 포졸들이 덮쳐 들어옵니다. 처음에는 먹을 것이 없는 산도둑들이 그 하찮은 음식을 뺏어 먹으러 온 줄 알고 교우촌

청년들이 나서서 막아냈습니다. 막아내니까 싸움이 되어 더 견딜 수 없게 되자 횃불을 밝혀들고 우리는 안동관아의 포졸이라고 외칩니다.

용감하게 대결하던 노래산 교우들은 그들이 안동관아의 포졸이라는 것을 안 그때부터 대항하지 않고 양처럼 순하게 모두 잡힙니다. 노래산, 우련밭, 곧은정 등 교우촌의 교우 75명이 몽땅 다 잡혔죠. 이들은 경주, 상주, 안동감영으로 각각 끌려갑니다.

청송 노래산을 가만히 머릿속에 그려보시면 약수터가 있는 뒷산을 넘어가면 영일군이 됩니다. 그 산 넘어 이십 리를 내려오면 영일군 기계면이 되지요. 거기에서 기북과 기계를 지나 사십 리를 나오면 안강읍이 되고 거기서 다시 사십 리를 더 나오면 경주입니다.

눈이 아직 녹지 않은 음력 2월 22일 쌀쌀한 그 밤에 그렇지 않아도 굶다시피했던 신자들은 개처럼 끌려서 그 깊은 밤에 경주감영까지 끌려옵니다.

경주감영에서는 교묘한 방법으로 이들을 회유합니다. 굶주림과 추위에 떨고 있는 이들에게 먹을 것과 옷가지를 마련하고 노자까지 준비해서 "주님을 배반한다."는 소리만 하면 그 맛있는 음식을 먹이고 옷을 입히고 노자를 줘서 내보냅니다. 그런 유혹에 넘어간 사람이 어찌 없을 수 있겠습니까? 절반 이상이 배교하여 풀려나죠.

 그렇지만 상주, 안동뿐 아니라 경주감영에서도 용감한 증거자들은 매맞아 죽거나 굶어 죽었습니다. 살아남은 증거자들은 대구감영으로 옮겨지고 마지막으로 대구 관덕당 앞에서 순교합니다.

"주를 버린 자여, 일체가 너를 버릴진저"
김시우, 고성대 고성운 형제

경상도 북부 교우촌에서 잡혀온 순교자들 중에 김시우 알렉시오라는 분이 있습니다. 원래 고향이 청양이고 양반출신인 이분은 반신불수의 몸입니다. 그런 몸으로 평지에서 살기도 어려운데 신앙을 지키기 위해서 그 깊은 경상도 우련밭 교우촌까지 찾아왔습니다.

교우촌 신자들이 먹고 살기 위해서 숯을 굽거나 옹기그릇을 만들 때 김시우는 불구의 몸이라 일을 할 수 없습니다. 그러나 다행히 글을 쓸 줄 알아 마비되지 않은 나머지 손으로 축일표나 기도문을 적어서 신자들에게 나누어주고 교우촌 신자들은 김시우에게 그들의 음식을 나누어줍니다.

운명의 날인 2월 22일 밤에 그도 부활축일을 함께 지내기 위해 산으로 갔다가 교우들이 잡혀가는 것을 보고 자청하여 기쁜 마음으로 체포됩니다. 그는 성한 사람도 걷기 어려운 길을 포졸들에게 절반은 끌려오다시피 합니다.

그가 경주감영에 도착했을 때는 온몸이 긁혀서 한 군데도 성한 곳이 없지요. 그대로 옥에 던져지는데 음식은커녕 물 한 모금 얻어먹을 수 없습니다. 그때는 천주교 신자들이 살 수 있는 유일한 방법은 짚을 얻어다가 짚신을 삼는 것이었습니다.

하루종일 짚신을 삼으면 품삯으로 어쭙지않은 돈 한 닢을 주는데 그것으로 국밥 딱 한 그릇을 살 수 있습니다. 그 국밥은 말만 국밥이지 국물이 전부고 건져 먹을 것은 전혀 없지요. 그 한 그릇으로 하루를 살아야 됩니다.

그런데 반신불수인 김시우는 짚신을 삼을 수 없기 때문에 그나마도 없지요. 교우들이 한 그릇뿐인 국밥을 나누어 먹자고 하지만 그러다가는 모두 다 굶어 죽을 것 같아 절대 받아 먹지 않습니다. 20일을 굶고 알아들을 수 없는 소리를 지르며 그의 고통이 십자가의 고통에 합쳐지기를 기도하면서 순교합니다.

죽지 않고 살아남은 증거자들은 대구감영으로 옮겨져서 순교할 때까지 서로 격려하고 위로하면서 신앙을 지켜냅니다.

남아있던 신자들 가운데 고성대, 고성운 형제가 있습니다. 형제는 힘든 일이 있으면 가장 먼저 와서 하고 언제 나와서 일을 하는지 모르게 도와줍니다. 그리고는 먹을 것을 나눌 때 음식이 모자라면 이 형제가 늘 굶습니다. 누구보다도 일을 많이 하고 누구보다도 많이 굶지요.

그들의 생명이 위험하다고 느낀 우련밭 교우촌의 김종한 회장이 어느 날 두 청년을 불러서 지나치게 극기하지 말라고 만류합니다. 그랬더니 두 형제가 무릎을 꿇고 눈물을 흘리면서 이런 고백을 합니다.

"회장님, 우리는 1801년 박해 때 감영에 끌려가서 매를 맞고 견디지 못해 주님을 배반한 죄인들입니다."

주님을 배반하고 나와서 살아보려니까 살맛도 안 나고 살 의미도 없더랍니다.

영국의 어떤 시인이 쓴 시에 이런 구절이 있습니다.

"주를 버린 자여, 일체가 너를 버릴진저."

주님을 버리면 세상이 다 무의미해진다는 것을 고성대, 고성운 형제가 안 겁니다. 그래서 회개를 하고 신앙생활을 하기 위해서 모든 것을 버리고 이 교우촌까지 찾아왔던 겁니다. 그러니 자신들이 일을 하고, 먹을 것을 안 먹는 것은 봉사가 아니라 죄를 보속하고 있는 것이라면서 보속의 기회를 막지 말아 달라고 합니다.

저는 이 대목을 읽은 후로는 교회에서 "봉사한다."는 소리를 감히 못합니다. 나도 죄인이니까 보속할 게 너무 많지요. 교회의 모든 평신도들이 보속한다는 마음으로 이 형제들처럼 일한다면 얼마나 좋겠어요.

세상 것을 구하는 기도는 중지해달라
김종한 교우촌 회장

　대구감영에 옮겨졌을 때 김종한 안드레아는 우련밭 교우촌 회장이라는 이유로 누구보다 많은 매를 맞고 모진 고문을 겪습니다. 의식을 잃어버리면 포졸들이 그를 데려다가 멍석이 깔려있는 옥중에 던져넣습니다.

　아물지 않은 상처에서는 고름이 흐르고 새로 난 상처에서는 피가 흐릅니다. 피고름이 멍석을 적시고 회장은 의식이 없지요. 그럼 창살을 사이에 둔 옆방 신자들은 회장이 돌아가셨는지 살아계신지 알 길이 없습니다. 아무리 불러도 대답을 하지 않습니다.

어느 우연한 기회에 신자들이 교리를 물으니까 의식이 없는 줄 알았던 회장이 고개를 들고 힘있게 대답을 하더랍니다. 이것이 계기가 되어서 이후 회장이 의식을 차렸는지 못 차렸는지 알아보려면 교리를 물었다고 합니다. 대답을 하면 의식이 있는 것이고, 교리를 물어도 대답을 안하면 의식이 없는 거지요. 김종한 회장은 하느님께 받은 그 목소리를 이미 하느님의 일이 아닌 것에는 안 쓰고 있었던 것이지요.

좁디좁은 감방이라 상처투성이인 신자들은 서로 몸이 닿으면 상처가 부딪쳐서 견딜 수 없이 고통스럽지만 그 극악한 상황에서도 서로 위해주고 양보하고 늘 웃으며 함께 기도합니다. 이렇게 지도하고 이끈 분이 바로 김종한 회장입니다.

그들의 너무나 아름답게 지내는 모습을 보고, 감옥을 지키는 포졸이 어느 날 대구 읍내에 있는 자기집에 와서 아내에게 이런 말을 했다고 전해집니다.

"인간으로서 도저히 살 수 없는 그 감옥에서 천주교 신자들은 웃으며 살고, 나는 돈까지 받으며 바깥에서 편히 있는데도 불평이 가득하다. 그러니 옥 속에 있는 그들이 죄인인지 옥 바깥에 있는 내가 죄인인지 모르겠다."

이 말이 대구 읍내에 전해진 최초의 복음인 것입니다.

김종한 회장은 그런 고통을 겪으면서 옥중에서 그의 친구에게 편지를 남깁니다.

"내가 이 지경이 되었으니 내 아내가 고향에 가서도 대접을 받지 못할 것이오…. 내 아내를 거두어 보살펴준다면 이는 내 아내에게는 육신의 생명을 연장해가는 길이고 그대에게는 또한 영적생명을 이끌어가는 길이 아니되겠소."

친구에게 아내를 부탁하는 편지 속에는 한 인간의 절절한 모습이 있습니다. 그러면서도 형에게 남긴 편지에서는 정말 놀라운 신심을 보여줍니다.

"형님! 아직도 내가 이 세상에서 무엇을 도모할 수 있도록 해달라는 기도라면 그런 기도는 중지해주십시오."

이걸 읽고 저는 약간 부끄러움을 느꼈습니다. 왜냐하면 저도 가끔 기도한다고 우리 시대의 양심수들을 위해 기도했거든요.

"그들이 풀려나게 해주십시오."

하지만 김종한 회장은 분명히 말합니다.

"아직도 이 세상의 무엇을 도모하기 위한 기도라면 그런 기도는 중지해주십시오. 다만 내가 겪고 있는 이 모든 고통 속에서도 이것 때문에 주님의 사랑을 배반하지 않도록 해달라는 기도라면 혈육의 정으로 청하니 간절히 기도해주십시오."

그러면서 형님이 그 기도를 절실히 할 수 있도록 그가 겪는 고통을 전했습니다.

"그냥 있어도 아픈 상처가 감방이 너무 비좁기 때문에 움직일 때마다 서로 부딪칩니다. 그러니 다른 사람에게 고통을 주지 않으려면 움직이고 싶어도 참아야 합니다.

또 온몸에 상처가 나지 않은 곳이 없는데 그 상처마다에 온갖 벌레들이 덤벼옵니다. 이걸 집어내려고 손을 들면 상처를 건드리니까 고통스럽고 안집어내자니 이 또한 말할 수 없는 고통입니다.

그리고 내 방에 깔린 멍석은 내가 고문을 받을 때마다 흘린 피와 고름으로 썩는 냄새가 코를 찌릅니다. 상처가 썩어들어가는 모습을 보고 있는 것도 고통스럽습니다.

그러나 이 모든 고통 중에서 내가 가장 견딜 수 없는 것은 굶주림입니다. 나는 너무 배가 고파 내 피고름으로 썩는 냄새가 코를 찌르는 멍석자락을 뜯어 씹으면서 이 배고픔 때문에 주님을 배반하지 않게 해달라고 기도합니다."

김종한 회장은 바로 김대건 신부의 작은할아버지입니다. 한국교회를 위한 봉사와 헌신이 이토록 절실할 때에 우리는 진정한 신앙인이라고 말할 수 있겠지요.

지방박해 속에서 이름없이 죽어간 무수한 순교자들은 다 이렇게 놀라운 신앙적 모습을 보이며 우리에게 복음을 전하고 있습니다.

말싸움 때문에 벌어진 밀고
득실마을 옹기가마 잔치

신유박해는 1802년에 접어들어서 다소 진정됩니다. 해가 바뀌어 열두 살이 된 순조가 "김 대비가 이렇게 많은 사람을 죽였는데 도대체 그게 왕가에 무슨 도움이 되느냐? 더 이상 사람을 죽일 필요가 없다."고 합니다. 이런 임금의 뜻이 받들어져서 더 이상 새로운 탄압은 하지 않고 과연 김 대비는 4년 뒤에 수렴청정을 끝내게 됩니다.

그동안의 박해로 한국교회 1세대인 양반들과 글을 아는 사람들이 다 순교하고 이제 그 자녀들인 2세대만 남습니다. 그들은 이미 양반대접을 못 받고 또 양반되기를 포기한 사람들이기 때문에 글도 모릅니다.

뿐만 아니라 오가작통법 때문에 마을에서 동네 사람들과 더 이상 같이 살 수도 없습니다. 그래서 마을을 떠나면 천주교 신자니까 그런 거 아니냐고 고발당해 잡혀 죽기도 합니다. 그러니 마을을 떠날 때도 한밤중에 죄인처럼 아무것도 못 가지고 도망쳐 나오는데 도망만 친다고 되는 일이 아닙니다.

그들이 정착할 곳을 가려면 몇 개의 마을을 거쳐야 하는데 마을을 지날 때마다 의심받습니다. 이런 속에서 밥을 제대로 얻어먹을 수 있습니까, 옷을 제대로 입을 수 있습니까. 노상 굶주립니다. 그러다 보니 가다가 굶어 죽기도 하지요.

이렇게 진저리쳐지는 상황에서 산속에 교우촌이 이루어집니다. 오늘날 잘 알려진 배론이니 한티니 하는 곳들이 있지요? 전부 이때부터 형성된 겁니다. 신부님 한 분 없고 신자 중에 지도할 만한 사람도, 글을 아는 사람도 없이 심산유곡에서 사는 교우촌 사람들끼리 이 역사를 전개합니다.

두 번째 전국적 기해박해가 오기 직전까지 지방별로 자꾸 박해가 일어나지요. 지방별 박해 중 1827년에 일어난 전라도 박해는 잊을 수 없는 박해 중 하나입니다.

1826년경 일본왕이 "일본에 천주교라는 요망한 교회가 있어 탄압을 시작했는데 천주교를 믿는 자들 6명쯤이 배를 타고 조선쪽으로 도망을 갔으니 만약 그들이 조선에 갔으면 조선정부에서 그들을 잡아주시오."라는 편지를 하나 보내옵니다. 신유박해가 끝난 조정의 입장에서는 그것이 천주교 탄압명분을 더욱 세워줍니다.

그런 사회적 배경에서 교우촌에 먹고 살 방법이 뭐가 있겠어요? 숯을 굽거나 옹기를 굽습니다. 전라도 곡성 득실이라는 교우촌에서 질그릇 굽는 가마를 하나 만들었습니다. 큰 단지나 작은 그릇들을 수천 개씩 한꺼번에 넣어서 구워내니까 가마 안은 보통 방 크기보다 넓습니다. 여기에서 그릇을 구워서 마을사람들이 다 먹고 살 수 있지요. 얼마나 기분 좋겠어요.

가마에서 첫 번째 그릇이 나올 때 교우들이 축하하기 위해 득실마을에 모입니다. 생계를 유지할 길을 하나 만들어놓고 한데 모여 새 옹기를 구워내니 얼마나 기쁜 일입니까.

이들 중 한백겸이라는 사람이 있는데 그 아버지가 한토마스입니다. 한토마스가 1801년에 순교했으니 순교자의 후예입니다. 좋은 일이 있으니까 축하한다고 이 양반도 왔지요. 기쁘니까 술을 먹고 취했는데 이분이 술주정이 심했습니다.

그 술을 판 집이 새로 입교해온 예비신자 집이었는데 술에 취해 주막주인하고 말싸움을 벌였습니다. 말싸움 끝에 그 주막여인에게 행패를 부립니다. 큰 실수를 한 거지요. 화가 난 주막주인이 분해서 못 견딥니다.

이걸 어떻게 보복을 하느냐? 천주교 교리책을 들고 관아에 가 밀고해버렸지요. 주막주인은 밀고하면 그 사람만 잡아갈 줄 알았지요. 그러나 천만에 말씀입니다. 얼마나 기막힌 일입니까.

교회 안에서 살다보면 기쁜 일과 축하할 일이 있지요. 그때 조심하라 이거지요. 그 형편에 옹기가마를 하나 만들었으니 오죽 좋아요. 이걸 누가 축하 안하겠어요. 그러나 한백겸 같은 실수를 하면 그 보복이 전라도 전체에 미칩니다.

조금 전에 말한 일본에서 편지가 온 배경도 있던 차에 밀고를 받으니 당시 전라감사 이광문이 얼씨구나 하면서 전부 잡아들이는데 득실마을 신자만 잡아간 것이 아닙니다. 축하하러 갔던 신자들은 물론 이 마을에서도 잡아가고 다른 마을에서도 잡아가서 무수한 사람이 잡혀갔습니다. 참 어이없는 일 아닙니까?

거기에다가 득실마을에서 옹기를 구워먹고 살런가 싶어 모였던 사람들이 많았기 때문에 그 신앙심이란 것이 미천하고 불확실했습니다. 새로 입문한 교우가 분한 김에 가서 일러바치는 정도니 오죽했겠습니까. 그러니 잡혀가서 매 두 대씩에 전부 배교하는 거지요.

그래서 1827년도에 일어난 전라도 박해는 잡혀간 사람의 수에 비해 순교자는 너무 적고 배교자는 너무 많은 매우 가슴 아픈 박해가 되고 맙니다. 그러나 여기서도 절대 소홀히 볼 수 없는 소중한 순교자들의 모습이 있습니다.

야소耶蘇도 모른다
신태보

　득실마을 주점주인의 밀고로 전라도 전역에 걸쳐 박해가 시작되고 그 여파로 신태보라는 신자도 옥에 갇힙니다. 신태보는 주문모 신부에게 성서하문을 받으려고 8차례나 한양에 올라온 적이 있는 신심 깊은 사람입니다.

　그때 끝내 주문모 신부가 계신다고 알려주지 않았던 사람이 강완숙 회장입니다. 주문모 신부가 밀고당할까봐 그런 거죠. 인간적으로 생각하면 얼마나 원망스럽겠습니까. '너만 회장이냐? 너만 열심히 하냐?' 이런 생각이 들 법도 하지요. 그런데 신태보는 조금도 원망하지 않습니다.

오히려 그의 사촌 이여진 회장이 신자들을 모아 교우촌으로 가서 사는 모습을 생생하게 기록해놓아 교우촌 형성과정의 눈물겨운 모습을 그려볼 수 있게 합니다.

그러니 감사가 볼 때 신태보가 이여진과 관계가 있다고 생각하고 이여진이 숨어있는 곳을 추궁합니다. 그는 대답을 안하죠. 그러자 감사가 고문을 합니다.

대개 고문의 고통은 다른 이들이 이야기를 듣고 그 내용을 기록하는데, 신태보는 자신이 당한 고문의 고통을 직접 기록합니다. 그러니 그걸 읽어보면 그 고통이 마음으로 확연히 느껴집니다. 예컨대 주리를 틀면, 우리는 '그게 얼마나 아팠겠나.' 이런 생각을 하는데 주리를 당한 신태보의 기록은 이렇습니다.

"무릎을 묶고 무릎 사이에 나무를 넣어서 주리를 트니까 내 몸이 하늘로 뜨더라."

하늘로 몸이 뜨는데 주리 트는 나무가 부러져서 땅에 도로 떨어졌답니다. 온몸에 열이 나고 두 눈이 튀어나오는 것 같아 도저히 스스로 감당을 할 수가 없고 혀가 밖으로 튀어나오더랍니다. 얼마나 아프고 충격이 오면 그렇겠어요. 그 비참한 모습을 본인이 느끼고 있는 것이지요.

감사가 무엇을 또 묻는데 묻는 소리는 들리지만 대답을 할 수가 없었다고 기록하고 있습니다. 의식을 잃은 것 아닙니까. 들리는데 대답은 할 수 없으니 기가 막히는 얘기지요.

주리 트는 걸 당하지요, 학춤 당하지요. 그 다음에 밧줄로 몸을 묶어가지고 조입니다. 하도 세게 조여서 밧줄이 살을 파고 들어갑니다. 그 고통을 신태보는 이렇게 적고 있습니다.

"너무나 심하게 조이면 뼈가 으스러지고 심장이 터지는 것 같았다. 견딜 수가 없었다."

그런 고통을 겪으면서도 "그 다음 고통을 받을 때에는 아픈 게 그거나, 그거나 같았다. 나는 하느님의 은총으로 더 이상 고통을 느끼지 않았다."라고 합니다. 놀라운 일이지요. 다시 심문하려고 밧줄을 빼내는데 너무 아파서 기절을 해버리니 물어도 대답을 못합니다.

그런 극한 상황 속에서 감사가 누구 아느냐? 누구 아느냐?… 하며 신자들 이름을 갖다 댑니다. 신태보는 의식이 몽롱한 가운데도 신자들을 보호해야겠다는 일념으로, 입안이 완전히 타고 눈이 다 튀어나오는 것 같아 말을 못하니까 고개를 저어서 모른다고 합니다.

"누구는?"

"모릅니다."

"누구는?"

"모릅니다."

그러자 감사가 "네가 아는 사람은 하나도 없네. 그럼 야소耶蘇도 모르느냐?"고 묻습니다. 물론 모른다고 대답을 했지요.

그런데 이게 재미있는 이야기입니다. 야소라고 쓴 한자를 중국사람들은 예수라고 읽지만 한국식으로 읽으면 야소가 됩니다. 신태보가 어떤 이름을 대도 무조건 도리질만 하니 감사가 화가 나서 "그러면 야소도 모르겠네?" 한 것인데 신태보가 모른다고 하니까 저거 더 말할 것도 없으니 옥에 갖다가 집어넣으라고 합니다.

옥에 던져진 그가 지독한 고통속에서 단말마 같은 소리를 들으면서 의식을 회복했는데 그 순간 "야소도 모르느냐?" 하는 말이 머리를 꽉 치고 들려옵니다. 자기도 모르게 예수 그리스도를 부정했다는 걸 깨닫습니다.

예수를 내가 모른다고 대답했으니 죽어봐야 아무 소용이 없다고 생각하며 그걸 그렇게 가슴 아파합니다. 그러다가 신태보는 "주여, 제가 아무리 의식이 몽롱하였더라도 예수라고 말했으면 안다고 했을 것입니다. 그런데 관장이 야소라고 했기 때문에 모른다고 한 것이니, 주여! 그점을 용서해줄 수 있겠지요." 하고 기도합니다.

그 모습에 모든 것을 버려도 주님만은 버리지 않겠다는 그분의 신심이 잘 나타나 있습니다.

여러 가지 이유로 유난히 배교자가 많았던 전라도 박해에서도 아름다운 증거자들의 모습은 이어지고 있습니다.

두 번째 사제영입운동

사제를 모시러 짐꾼으로 변장하고
정하상

무수한 순교자들이 놀라운 신앙과 복음을 증거하며 이름없이 죽어간 가운데 세월은 흘러갑니다. 그리고 잊혀진 동토에 불쌍한 2세대마저 박해를 받기 시작합니다.

그 기막힌 박해 속에서 주문모 신부마저 돌아가시자 다시 사제를 모셔오기 위한 사제영입운동이 전개되지요. 이것이 2차 사제영입운동인데 권요한, 신베드로, 최모로스 같은 사람들이 주축이 됩니다.

사제를 영입하기 위해서 1차로 1811년에 서신을 전달할 의무를 띠고 이여진이 베이징으로 파견되었습니다. 그리고 1812년 12월 9일자로 이 편지가 비오 7세 교황에게 전달됩니다. 그분은 최초로 한국교회의 편지를 받으셨던 비오 6세 다음 교황입니다.

교황은 사제를 요청하고 있는 한국교회 신자들의 이 기막힌 편지를 보고 깊은 동정으로 눈물을 흘립니다. 그리고 사랑으로 한국교회를 축복하고 기도합니다. 베이징의 피레스 주교는 특별히 성패를 주시고 한국교회를 축복하면서 용기를 북돋아 주지만 이들은 한국교회를 위한 아무런 대책도 세울 수가 없습니다.

사제영입에 관한 소식을 받지 못한 한국교회는 안타까운 나머지 2차 서신을 발송합니다. 그러나 이 편지를 소지하고 가던 사람이 북만주에서 죽는 바람에 전달되지 못합니다.

사제영입운동을 전개할 수 없는 이런 어려운 처지에 놓여있을 때에 놀랍게 한국교회의 맥을 이은 탁월한 공로자가 나타납니다. 이분이 바로 정하상입니다.

정하상은 한국 최초의 평신도 단체인 명도회 초대회장이시던 정약종다산 정약용의 형의 둘째아들입니다. 1801년에 정약종이 순교할 때 그는 불과 8살밖에 되지 않은 어린아이였기 때문에 어머니와 같이 옥에 갇혔다가 풀려납니다.

그런데 이들이 처음 옥에서 나와 고향 마현에 들어갔을 때에 정씨가문에서 매우 천대합니다. 다산 정약용부터 시작해서 당대를 풍미했던 네 분의 대학자가 천주학을 하다 전부 패가망신을 했으니 천주교라면 진저리를 치는 거지요.

어머니는 신앙을 지키기 위해 여덟 살배기 어린아이를 안고 교우촌으로 숨어들어 가서 사는데 배론으로 들어갔던 것으로 생각됩니다. 정하상은 그곳에서 어머니가 입으로 전해주는 기도문을 귀로 듣고 기도하면서 신앙생활을 하지요.

그렇게 자랐으니 아무것도 아는 것이 없습니다. 정하상의 나이가 차 이십 세가 가까워졌습니다. 어머니가 걱정을 합니다. 그도 천주교 교리에 대해서 알고 싶어 더욱 글을 배우고 싶다는 생각을 합니다.

그렇게 고심한 나머지 유명한 선비로서 그의 아버지와 친구이며 다산집안을 잘 알고 있는 조유스티노를 찾아갑니다. 이 분 역시 천주교 신자이기 때문에 함경도 고산땅에 유배가 있었습니다.

한번도 바깥 세상에 나가본 적이 없는 정하상으로서는 함경도까지 가는 일이 큰 모험이지만 용감하게 찾아갑니다. 그곳으로 가는 동안 수도 없이 굶습니다. 그러나 그는 이미 심산유곡에 숨어살 때부터 굶주림에 익숙해져 있었습니다. 그렇게 굶주림에 훈련된 덕분에 그곳을 찾아갈 수가 있었습니다. 그리고 조유스티노를 만났지요.

유배지까지 찾아온 한 청년을 조유스티노는 매우 호기심 깊은 눈으로 바라봅니다. 인사를 나누고 보니 바로 명문대가인 다산의 후예거든요.

너무나 반가워서 "어떻게 왔냐?" 물으니 교리공부하러 왔다고 그럽니다. 그래서 정하상에게 책을 한 권 줍니다. 그리고 그걸 읽고 토론을 하자고 합니다. 그런데 글을 알아야 읽지요. 배운 적이 없으니 읽을 수가 없습니다.

얼마나 창피하겠어요. 스무 살이 다 돼가는 나이에 얼굴을 붉히며 어찌할 줄 모릅니다. 바로 삼촌인 다산 정약용이 조선 최고의 학자 아닙니까. 그 후예가 글을 모른다니요. 조유스티노가 생각하니 기가 막히지 않겠어요. 그런 기막힘 속에서 그를 위로하고 한문도 가르쳐줍니다.

한자와 교리공부를 마치고 나니 교회를 사랑하는 뜨거운 마음이 복받치면서 조유스티노의 가르침에 따라 사제를 영입해야겠다는 불타는 열의가 정하상을 어찌할 줄 모르게 합니다.

그래서 그는 단신으로 서울로 와서 비밀리에 교우들을 찾아가 열정적으로 호소합니다. 정하상의 호소를 듣고 마음이 움직여 사제영입운동 헌금을 모아서 1차로 갈 수 있는 준비가 끝났던 해가 1816년이고 그때 북만주를 간 겁니다. 당대 명문대가의 후예 정하상은 짐꾼으로 변장해 부연사행 속에 끼어들어서 북만주를 가게 됩니다.

그런데 한 가지 걱정을 합니다. 내가 북만주 벌판에서 얼어죽어버리면 이 일을 누가 계속 하느냐? 아무도 못한다는 겁니다. 그러니까 같이 할 사람이 필요하다고 생각합니다.

그래서 사람을 찾는데 그가 세 번째 베이징노정 탐사를 갈 때 난데없는 은총이 하나 뚝 떨어집니다. 하느님의 섭리가 오묘하지요. 유진길이라는 신자를 만나게 된 것입니다. 그 후 조신철이라는 사람도 만납니다. 이분들은 정하상이 찾아낸 사제영입운동의 놀라운 협력자들인 것입니다.

이렇게 해서 잘못하면 얼어죽기 십상인 북만주 길을 9차례나 다녀옵니다.

이십 세에 공부를 시작해서 사십오 세에 순교하기까지 9차례 북만주에 다녀오고, 또 그가 쓴 〈상재상서〉는 그가 죽은 뒤

홍콩천주교에서 교리서로 사용했습니다. 얼마나 대단합니까?

　오늘날 한국교회 평신도들은 어떻습니까? 정약종처럼 〈순교일지〉를 쓸 사람이 있습니까? 광암처럼 〈십계명가〉를 쓰는 사람이 있습니까? 정하상처럼 〈상재상서〉 같은 포교록을 쓴 사람이 있습니까?
　어설픈 민주주의론이나 전개하고 신부 수녀들에 대해 비판하는 말을 잘하는 게 마치 유지인 것처럼 생각하는 경향이 없지 않습니다. 우리가 정신차려야 합니다.

베이징성당에서 마주친 두 조선인
정하상과 유진길

정하상은 세 번째 베이징노정 탐사를 갔을 때 유진길과 조신철을 만납니다. 유진길은 조선에서 상당히 넉넉하고 최첨단의 지식을 지녔다는 역관의 자손입니다. 머리가 비상해서 어릴 때부터 천재라는 소리를 듣고 이미 스무 살 때 역관이 된 출세한 사람입니다.

이런 사람이 기가 막히게도 넉넉한 가세와 사회적 출세로는 마음이 안 찹니다. 그는 회의를 느끼고 인생의 의미가 무엇인가, 특히 우주의 시작이 무엇이며 종말이 무엇인가에 대해서 깊이 사색합니다.

이 답을 얻으려고 제일 먼저 찾아간 곳이 절인데 그곳에서 불교서적을 모두 섭렵하고 그것도 모자라 유교서적까지 전부 읽지요. 그를 두고 주변 사람들이 만 권의 책이 움직인다고 말할 정도였습니다.

그걸 읽고 그가 찾고자 하는 의문을 풀었느냐? 천만에 말씀입니다. 정반대로 과로로 건강을 잃고 쓰러집니다. 허무를 느끼고 어찌할 줄 몰라 불안해하던 그때, '1801년에 큰 박해가 있었는데 천주교 신자들이 죽으면서 한결같이 기쁨에 넘쳐 죽었다.'라는 얘기를 듣습니다. 그리고 '그렇다면 그게 진리가 아니냐? 어떻게 그들이 기쁘게 죽음을 맞이할 수 있는가?'라는 의문을 갖게 됩니다.

그때부터 천주교 신자를 만나고 관련서적을 읽어보려고 하는데 전국적인 박해로 책은 다 불탔지요, 천주교 신자는 산속으로 다 숨었으니 만날 수 없습니다.

찾고 또 찾던 어느 날, 기진맥진해서 자기 집에 들어와 쓰러져 누웠는데 귀퉁이에 놓여 있는 궤짝 하나가 눈에 들어옵니다. 궤짝을 발라놓은 종이에 인쇄된 글자가 있어서 보니 각혼覺魂, 생혼生魂 이런 단어가 있거든요. 이게 무슨 소리인가 싶어서 가만히 보니 나오는 단어들마다 희한합니다.

그 종이를 물에 담가가지고 소중하게 떼어냅니다. 순서대로 딱 맞춰보니까 〈천주실의〉인데 일부뿐입니다. 그걸 읽고 나니 더 알고 싶지요.

몇 가지 걸리는 부분을 알고 싶은 마음이 간절한데 아무도 가르쳐주는 사람이 없습니다. 이때 그를 가르쳐준 사람이 절대로 유식한 사람이 아닙니다. 그 천재가 당대 대가한테 배웠다면 참 훌륭했을텐데 말이에요.

그렇지만 유진길은 그만큼 간절히 원했기 때문에 그가 품고 있던 의문을 천주교 대학자도 아닌 구전 정도밖에 못 전하는 사람에게 한두 마디를 듣고 깨우쳐 냅니다. 성령의 도우심 아닙니까.

그때부터 천주교 신자가 돼서 믿기 시작하는데 아마 1823년 쯤이었을 겁니다. 천주교를 믿으니 황홀한 기분이 들죠. 초조와 불안이 없어지고 병도 호전됐습니다. 그러다 그는 역관이니까 부연사행에 당연히 따라나섰지요.

그때 정하상도 사제영입운동을 하기 위해서 종으로 신분을 변장해서 부연사행에 끼여 따라갑니다. 정하상이 베이징에서 비밀리에 성당에 찾아가 보니까 유진길도 비밀리에 성당에 와

있습니다. 얼마나 큰 힘과 용기를 얻었겠어요?

정하상과 유진길은 삼백여 명의 부연사 일행 중 천주교 신자가 있어야 무슨 연락이 되겠다는 생각을 합니다. 그래서 그들은 번민하면서 아주 열심히 대상을 찾습니다.

천주교가 뭔데 그 사람이 믿을까
부연사의 종 조신철의 궁금증

    그렇게 어렵게 찾은 사람이 조신철입니다. 그는 다섯 살에 부모를 모두 여의었습니다. 그러니 굶어 죽게 됐습니다. 동네 사람이 불쌍해서 그 마을 뒷동산에 있는 절에다가 맡깁니다.

    조신철은 절에서 밥 짓고 물 긷는 일을 하면서 밥을 얻어먹고 삽니다. 그러나 늘 배가 고팠습니다. 견딜 수 없어 마을로 뛰쳐내려와 머슴살이를 합니다. 머슴살이는 일만 고될 뿐 여전히 배가 고파 절로 다시 돌아옵니다.

    서울양반 한 분이 그를 보고 생긴 거는 참하게 생겼는데 그 처지가 너무 불쌍해서 어느 날 불러서 묻습니다.

"당신 소원은 무엇이요? 내 그대를 취직시켜주면 이 자리에서 떠날 용의가 있소?"

"예, 제 소원은 배 부르게 밥 한번 먹어 보는 것입니다. 어디든 배부르게 먹여주는 곳이면 가겠습니다."

그래서 자리를 얻어준 것이 부연사의 종입니다. 조신철에게는 더 할 수 없는 기쁨이고 일터입니다. 그는 거기에서 착실히 돈을 벌어 가난한 사람도 도와주며 생계를 유지해나갑니다. 이 사람은 이해관계에 얽히지 않고 정직하게 국법을 준수하며 아주 모범적으로 삽니다.

이를 눈여겨 보고 있던 정하상이 의주를 넘어 만주에 들어선 어느 날 밤, 조신철을 불러서 "나는 천주교 신자요. 당신도 천주교 신자가 되어 내게 만약 무슨 일이 생기면 당신이 나를 대신해서 이 일을 해주기 바라오."라고 말합니다.

그 말을 듣자 조신철은 한동안 아무 소리도 안하고 정하상을 뚫어지게 바라보다가 벌떡 일어서 문을 열고 나가버립니다. 이제 정하상은 큰일났습니다. 그가 천주교 신자라고 고발하면 당장 죽거든요. 그래서 3일을 잠도 못 자고 밥도 못 먹습니다. 북만주에서 혼자 도망도 못 갑니다. 그러니 얼마나 초조한 순간입니까?

3일째 되던 날 밤 조신철이 찾아옵니다. 그리고 정하상한테 조심스럽게 말합니다.

"내가 볼 때 부연사 삼백 명 중에 인간 같은 사람은 당신밖에 없소. 그런 당신이 천주교 신자라니…. 나는 지금까지 국법을 어긴 적이 없었소. 다른 사람 같았으면 당장 고발을 했겠지만 당신이 그런 말을 했기에 나는 그 말을 못 들은 것으로 하려고 아무 말 않고 나갔소.

그런데 나가서 하루를 지내면서 '아이고! 그 사람 살려줘야 되겠지.' 하는 생각이 들었고, 이틀을 지내면서는 '믿을 수 있는 사람은 그 사람밖에 없는데 그 사람이 왜 천주교 신자가 되었을까?', 3일째가 되니까 '천주교가 뭔데 이런 사람이 믿을까?' 하는 궁금한 생각이 들어 이렇게 다시 왔소."

그날부터 정하상이 "천주교가 이렇소." 하고 얘기하지요. 그게 바로 예비신자 교리입니다. 조신철은 베이징에 가서 조심스럽게 성사를 받고 미사에 참례해서 성체를 모시는데 그 기쁨을 말로 다 표현하지 못합니다.

이렇게 극적인 만남이 이루어지고 정하상과 유진길, 조신철은 사제영입운동을 위해 한 팀이 되어 죽을 때까지 함께 일합니다. 조신철은 103인 순교성인 중의 한 사람이 되었습니다.

일찍이 밥 한번 배부르게 먹기가 소원이었던 그는 정하상을 만나 성인이 되었습니다.

지금 이 세상의 온갖 어려움 중에 있는 우리 이웃들도 우리 신자를 만나 영원한 생명을 얻게 되기를 간절히 바랍니다.

〈하권에서 계속됩니다.〉

"내가 볼 때 부연사 삼백 명 중에 인간 같은 사람은 당신밖에 없소.
그런 당신이 천주교 신자라니···.
나는 지금까지 국법을 어긴 적이 없었소.
다른 사람 같았으면 당장 고발을 했겠지만 당신이 그런 말을 했기에
나는 그 말을 못 들은 것으로 하려고 아무 말 않고 나갔소.
그런데 나가서 하루를 지내면서
'아이고! 그 사람 살려줘야 되겠지.' 하는 생각이 들고
이틀을 지내면서는 '믿을 수 있는 사람은 그 사람밖에 없는데
그 사람이 왜 천주교 신자가 되었을까?'
3일째가 되니까 '천주교가 뭔데 이런 사람이 믿을까?' 하는
궁금한 생각이 들어 이렇게 다시 왔소."

천주교가 뭔데 그 사람이 믿을까

관장이 언짢아 모욕적인 태도로 묻습니다.
"네가 믿는다는 하느님이 도대체 어느 책에 적혀 있느냐?"
그 여인들이 대답하죠.
"저는 글을 배우지 못해서 제 이름도 적을 줄 모릅니다."
이러니 관장이 얼마나 더 화가 났겠어요.
"글도 모르는 게 뭘 안다고 천주를 믿느냐, 너 하느님 본 적 있느냐?"
하며 다그칩니다.
"나으리, 제가 보지 않았기 때문에 믿지 말아야 할 것으로 말한다면
저는 이 나라의 나랏님을 본 적이 없습니다.
그러나 나랏님께서 보내셔서 오신 관장님을 보고
저는 나라님이 계신 줄 믿나이다.
세상이 있는 걸 보고 이 세상을 만드신 분을 어찌 믿지 않겠나이까."

하느님도 나라님도 본 적 없지만